# *Jesus*
# The Open Door

Kenneth E. Hagin

# 예수 열린 문

케네스 해긴 지음 | 김진호 옮김

믿음의말씀사

Jesus The Open Door
by Kenneth E. Hagin

ⓒ 1996 RHEMA Bible Church
AKA Kenneth Hagin Ministries, Inc.
P. O. Box 50126 Tulsa, OK 74150-0126 U.S.A.
All Rights Reserved.

2007 / Korean by Word of Faith Company, Korea.
Translated and published by permission
Printed in Korea.

## 예수 열린 문

1판 1쇄 발행일 · 2007년 2월 15일
1판 3쇄 발행일 · 2024년 2월 2일

지은이  케네스 해긴
옮긴이  김진호
발행인  최순애
펴낸곳  믿음의 말씀사
2000. 8. 14 등록 제 68호
우)16934 경기도 용인시 기흥구 신정로 301번길 59
TEL. 031) 8005-5483  FAX. 031) 8005-5485
http://faithbook.kr

ISBN 89-90836-41-7 03230
값 12,000원

본 저작물의 한국어판 저작권은 케네스 해긴 목사님을 통해 FAITH LIBRARY와의 독점 협약으로 '믿음의 말씀사'가 소유합니다. 저작권법에 의해 한국 내에서 보호를 받는 저작물이므로 무단 전재와 복제를 금합니다.

| 목차 |

제1장  말씀에 계시된 예수님의 성품과 일 ·················· 7

제2장  예수, 구원의 열린 문 ······························· 35

제3장  예수님께서 심령(Heart)의 문을 여십니다 ········· 69

제4장  봉사와 말의 열린 문 ······························· 97

제5장  치유의 열린 문 ···································· 121

제6장  하늘 문 ············································ 147

제7장  동기와 헌금 ······································· 167

제8장  헌금은 하늘 문을 엽니다 ························· 185

제9장  천국의 열린 문 ···································· 199

# 제 1 장
# 말씀에 계시된 예수님의 성품과 일

계 3:7,8
빌라델비아 교회의 사자에게 편지하라 거룩하고 진실하사 다윗의 열쇠를 가지신 이 곧 열면 닫을 사람이 없고 닫으면 열 사람이 없는 그가 이르시되 볼지어다 내가 네 앞에 열린 문을 두었으되 능히 닫을 사람이 없으리라

주님께서는 우리 앞에 기회, 축복, 그리고 공급의 놀라운 문들을 두셨습니다. 게다가 그 신령한 축복의 문들은 '닫힌' 것이 아니라 활짝 '열려' 있습니다.

주님의 열린 문으로 걸어 들어가면, 그리스도 안에서의 우리의 상속으로 인해 우리는 하나님께서 마련해 두신 신령한 부를 받게 됩니다.

사도 요한이 밧모섬에서 유배생활을 하고 있을 때, 주님은 처음 요한에게 문을 여는 자이신 예수님에 대해 계시해 주셨습니다. 사실 요한계시록 전체는 예수 그리스도에 대한 환상과 계시이며, 주의 날에 요한이 성령에 감동되어 있는 동안 예수님께서 요한에게 나타나셔서 쓰여 진 것입니다.

이 때에 주님은 그 당시 소아시아에 실제 있었던 일곱 교회에 대한 말씀도 주셨습니다. 요한계시록 3장 8절에서 예수님은 요한에게 빌라델비아 교회 앞에 어떤 '사람'도 열거나 닫을 수 없는 열린 문을 두었다고 말씀하셨습니다.

그러나 예수님께서 교회를 위해 요한에게 주셨던 말씀은 우리에게도 어떤 교훈을 주고 있습니다. 그것들은 하나님께서 우리에게 주시는 말씀을 담고 있습니다. 예를 들어, 요한계시록 2장과 3장에서 예수님께서 계속 반복하여 "귀 있는 자는 성령이 교회들에게 하시는 말씀을 들을지어다"(계 2:7,11,17,29; 3:6,13,22)라고 하신 말씀에 주목하십시오.

확대번역본에 의하면 예수님께서는 이렇게 말씀하셨습니다. "들을 수 있는 자는 성령이 회중(교회)에 하시는 말씀을 듣고 주의를 기울일 지어다."

나는 이것이 오늘을 살아가는 우리들에게도 해당된다고 믿습니다. 우리들도 성령님께서 교회를 향해 하시는 말씀을 들을 필요가 있습니다. 우리가 바로 그리스도의 몸 된 교회이기 때문입니다.

## 예수님은 거룩한 분이며 진실한 분입니다

오늘날 그리스도의 몸에게 주시고 있는 말씀은 무엇입니까? 그것은 요한계시록 3장 7절과 8절에서 찾을 수 있습니다.

주 예수 그리스도께서는 이 구절들을 통해 말씀하시고 계십니다. 우리는 이것이 예수님께서 하시는 말씀인 것을 7절을 통해 알 수 있습니다. "… **거룩하고 진실하사** … 곧 열면 닫을 사람이 없고 닫으면 열 사람이 없는 **그가 이르시되**" 예수님께서는 거룩하고 진실된 분으로 불릴 자격이 있는 분입니다.

이렇게 말씀하심으로 예수님께서는 스스로를 묘사하고 계십니다. 그의 '성품'을 우리에게 계시하고 계십니다. 그의 성품은 어떠하십니까?

예수님은 '거룩'하고 '진실'하십니다. 이런 특성들이 그분의 성품에 있습니다.

예수님께서 자신의 성품에 대하여 요한계시록 3장 7절에서 가장 먼저 계시하신 것은 그가 거룩하고 진실하시다는 것입니다. 하나님도 사람도 마귀도 예수님에게서 아무런 잘못을 찾지 못했기 때문에, 예수님께서는 그 자신이 '거룩'하다고 말씀하실 수 있었습니다. 또한 우리는 예수님께서 왜 자신이 '진실'하다고 말씀하실 수 있었는지에 대해서도 보게 될 것입니다.

## 하나님께서는 예수님에게서 아무 잘못을 찾지 못했습니다

예수님께서 요단강에서 세례 요한으로부터 세례 받으신 것을 당신은 아실 것입니다. 예수님께서 물에서 올라오실 때 하나님의 영이 비둘기 같은 형체로 그에게 강림하셨습니다.

그리고 하늘로부터 한 소리가 있어 이렇게 말씀하셨습니다. "…너는 내 사랑하는 아들이라 **내가 너를 기뻐하노라**"(눅 3:22). 즉, 하나님께서는 그에게서 아무 잘못도 찾지 못했던 것입니다. 하나님 아버지께서는 예수님을 기뻐하신다고 말씀하셨습니다.

하나님께서 예수님에 대하여 말씀하신 적이 또 있었습니다. 당신은 예수님께서 베드로와 야고보와 요한을 데리고 변화산에 올라가셨던 것을 기억할 것입니다. 성경은 하나님의 영광의 구름이 그들 위에 임하였다고 말하고 있습니다.

> 마 17:5
> …홀연히 **빛난 구름**이 그들을 덮으며 **구름 속에서 소리가 나서** 이르시되 **이는 내 사랑하는 아들이요 내 기뻐하는 자니** 너희는 그의 말을 들으라 하시는지라

예수님은 거룩하신 분이었고 지금도 거룩하신 분이기 때문에 하나님을 기쁘시게 하셨습니다. 바꿔 말해, 하나님께서는 예수님에게서 아무 잘못을 찾지 못하셨던 것입니다.

## 사람들도 예수님에게서 아무 잘못을 찾지 못했습니다

사람들은 예수님에게서 잘못을 찾으려고 노력하였습니다. 그렇지만 그들은 예수님에게서 아무 죄도 찾을 수 없었습니다. 사람들은 심지어 법정에서 예수님을 조사하였습니다. 그

들은 예수님에게서 잘못을 찾으려고 하였고, 그분의 말씀으로 예수님을 함정에 빠뜨리려 했습니다. 그러나 그들은 예수님에게서 어떠한 결점도 찾을 수 없었습니다. 그의 성품은 순수하고 거룩하고 진실하였기 때문입니다.

실제로 예수님의 사역기간 동안 사람들은 공중(public)의 의견과 판단을 받는 인간의 법정에 예수님을 데려갔었습니다. 바리새인들이 예수님에게 언쟁을 걸면 틀림없이 예수님께서 로마정부에 빌미를 잡힐 어떤 말을 하게 될 것이라고 생각했다고 성경은 말하고 있습니다.

바리새인들은 이렇게 말했습니다. "당신에게 질문하겠습니다. 우리가 시저에게 세금을 내어야 하겠습니까? 내지 않아야 하겠습니까?" 이것은 오늘날에도 사람들이 묻는 질문입니다. 그렇지 않습니까? 오늘날에도 세금을 내지 않으면 곤란에 빠지게 됩니다.

바리새인들은 예수님의 말에서 결점을 찾아낼 것이라고 생각했습니다. 만일 예수님께서 "그렇다. 너희들은 시저에게 세금을 내야만 한다"라고 말씀하셨다면, 예수님께서는 종교적인 사람들에 의해 곤란을 당할 수 있었습니다.

그러나 만일 예수님께서 "아니다. 너희들은 시저에게 세금을 내지 말아야 한다"라고 말씀하셨다면, 예수님께서는 정부로부터 곤란을 겪으셨을 것입니다. 그러나 예수님께서는 아무 결점도 찾을 수 없는 대답을 하셨습니다.

막 12:13-17
그들이 **예수의 말씀을 책잡으려 하여** 바리새인과 헤롯당 중에서 사람을 보내매 와서 이르되 선생님이여 우리가 아노니 **당신은 참되시고** 아무도 꺼리는 일이 없으시니 이는 사람을 외모로 보지 않고 **오직 진리로써** 하나님의 도를 가르치심이니이다 가이사에게 세금을 바치는 것이 옳으니이까 옳지 아니하니이까 우리가 바치리이까 말리이까 한대 예수께서 그 외식함을 아시고 이르시되 어찌하여 나를 시험하느냐 데나리온 하나를 가져다가 내게 보이라 하시니 가져왔거늘 예수께서 이르시되 이 형상과 이 글이 누구의 것이냐 이르되 가이사의 것이니이다 이에 예수께서 이르시되 가이사의 것은 가이사에게 하나님의 것은 하나님께 바치라 하시니 **그들이 예수께 대하여 매우 놀랍게 여기더라**

그 당시 가장 엄격한 종교적 교파였던 바리새인들마저도 예수님에게서 아무런 잘못을 찾을 수 없었던 것입니다. 마태복음에서는 이렇게 말하고 있습니다. "그들이 이 말씀을 듣고 놀랍게 여겨 예수를 떠나가니라"(마 22:22). 거룩한 분인 예수님에게서는 아무런 결점도 발견될 수 없었습니다.

사두개인들도 예수님에게서 잘못을 찾으려고 했습니다. 사두개인들은 천사도 영도 죽은 후의 부활도 믿지 않았습니다. 그래서 그들은 예수님의 말에서 잘못을 찾기 위해 유대의 법에 관한 질문을 했습니다.

막 12:18-27
부활이 없다 하는 사두개인들이 예수께 와서 물어 이르되 선생님이여 모세가 우리에게 써 주기를 어떤 사람의 형이 자식이 없이 아내를 두고 죽으면 그 동생이 그 아내를 취하여 형을 위하여 상속자를 세울지니라 하였나이다 칠 형제가 있었는데 맏이가 아내를 취하였다가 상속자가 없이 죽고 둘째도 그 여자를 취하였다가 상속자가 없이 죽고 셋째도 그렇게 하여 일곱이 다 상속자가 없었고 최후에 여자도 죽었나이다 일곱 사람이 다 그를 아내로 취하였으니 부활 때 곧 그들이 살아날 때에 그 중의 누구의 아내가 되리이까 예수께서 이르시되 너희가 성경도 하나님의 능력도 알지 못하므로 오해함이 아니냐 사람이 죽은 자 가운데서 살아날 때에는 장가도 아니 가고 시집도 아니 가고 하늘에 있는 천사들과 같으니라 죽은 자가 살아난다는 것을 말할진대 너희가 모세의 책 중 가시나무 떨기에 관한 글에 하나님께서 모세에게 이르시되 나는 아브라함의 하나님이요 이삭의 하나님이요 야곱의 하나님이로라 하신 말씀을 읽어보지 못하였느냐 하나님은 죽은 자의 하나님이 아니요 산 자의 하나님이시라 너희가 크게 오해하였도다 하시니라

예수님께서 놀라운 지혜와 권세로 대답하셔서 사두개인들도 예수님으로부터 아무런 잘못을 찾지 못했습니다. 대제사장의 관원들과 바리새인들도 예수님께 질문을 하여서 그 말에서 잘못을 찾으려고 하였습니다. 그러나 그들은 찾지 못했습니다.

그들은 돌아가서 이렇게 보고할 수밖에 없었습니다. "그 사람이 말하는 것처럼 말한 사람은 이때까지 없었나이다"(요 7:45,46). 왜일까요? 예수님은 거룩하신 분이기 때문입니다. 예수님은 진실한 분이시며, 그의 성품에는 어떠한 잘못이나 흠이 없습니다.

또한 그 당시 종교 권력가들도 예수님께 누구의 권세로 기적들을 행하는지를 물어서 예수님을 곤경에 빠뜨리려고 했습니다.

> 막 11:27-29,33
> 그들이 다시 예루살렘에 들어가니라 예수께서 성전에서 거니실 때에 대제사장들과 서기관들과 장로들이 나아와 이르되 무슨 권위로 이런 일을 하느냐 누가 이런 일 할 권위를 주었느냐 예수께서 이르시되 나도 한 말을 너희에게 물으리니 대답하라 그리하면 나도 무슨 권위로 이런 일을 하는지 이르리라 이에 예수께 대답하여 이르되 우리가 알지 못하노라 하니 예수께서 이르시되 나도 무슨 권위로 이런 일을 하는지 너희에게 이르지 아니하리라 하시니라

예수님을 잡으려고 종교 지도자들이 어떤 짓을 하더라도 그들은 예수님을 잡을 수 없었습니다. 예수님은 거룩하신 분이기 때문입니다.

예수님의 성품에는 흠이 없었고 지금도 그러하기 때문에 사람들은 그에게서 아무 잘못도 찾을 수 없었던 것입니다.

심지어 예수님께서 십자가에 못 박히기 위하여 인간의 재판소에 섰을 때에도 사람들은 예수님의 죄명을 찾지 못했습니다. 예수를 팔아넘긴 유다마저도 그에게서 잘못을 찾을 수 없었습니다. 유다는 말했습니다. "내가 무죄한 피를 팔고 죄를 범하였도다"(마 27:4).

예수를 십자가에 못 박으라는 군중들에게 빌라도는 이렇게

물었습니다. "그가 무슨 악한 일을 하였느냐…"(마 27:23). 빌라도는 예수님을 고발할 것을 찾지 못했습니다. 왜냐하면 예수님께서는 죽을 만한 일을 하지 않았기 때문입니다.

> 마 27:24
> 빌라도가 아무 성과도 없이 도리어 민란이 나려는 것을 보고 물을 가져다가 무리 앞에서 손을 씻으며 이르되 **이 사람**의 피에 대하여 나는 무죄하니 너희가 당하라

모든 인간의 재판관 앞에서, 예수님에게서는 어떤 잘못도 발견되지 않았습니다. 그의 성품은 거룩하고 진실하시므로, 그는 사람들의 시험을 견딜 수 있었습니다.

## 사탄도 예수님에게서 아무 잘못을 찾지 못했습니다

마귀도 예수님에게서 잘못을 찾으려고 하였습니다. 마태복음 4장에서 예수님은 성령님에 이끌려서 광야로 가서 마귀에게 시험을 당하셨습니다.

예수님께서 40일을 주야로 금식하신 후 사탄이 예수님께 와서 이렇게 말했습니다. "네가 만일 하나님의 아들이어든 명하여 이 돌들로 떡덩이가 되게 하라"(마 4:3). 예수님께서 대답하셨습니다. "… 기록되었으되 사람이 떡으로만 살 것이 아니요 하나님의 입으로 나오는 모든 말씀으로 살 것이라"(마 4:4).

사탄은 예수님을 유혹하여 예수님의 말의 빌미를 잡으려고

하였던 것입니다. 그렇지만 예수님은 하나님의 말씀으로 그를 꾸짖으셨습니다. "기록되었으되…"(마 4:4, 7, 10)

그리고 사탄은 예수님을 성전의 가장 높은 곳으로 데리고 갔습니다. "네가 만일 하나님의 아들이어든 뛰어 내리라 하나님께서 너를 구하리라"(마 4:6). 사탄은 하나님의 말씀으로 예수님께 덫을 놓으려고 성경을 인용하기까지 했습니다.

> 마 4:6
> 이르되 네가 만일 하나님의 아들이어든 뛰어내리라 **기록되었으되** 그가 너를 위하여 그의 사자들을 명하시리니 그들이 손으로 너를 받들어 발이 돌에 부딪치지 않게 하리로다 하였느니라

사탄도 자기 목적에 맞을 때는 성경을 인용할 수 있습니다. 그렇지만 예수님께서는 말씀을 정확하게 구분하여 말씀하셨습니다. "… 또 **기록되었으되** 주 너의 하나님을 시험치 말라 하였느니라"(마 4:7). 그러므로 사탄은 예수님에게서 아무런 잘못을 찾을 수 없었습니다.

그 후에 사탄은 예수님을 높은 산으로 데리고 가서 그 당시 땅에 있었던 모든 왕국을 보여 주었습니다. 사탄은 만일 예수께서 엎드려 자신을 경배하면 이 세상에 있는 모든 왕국과 영광을 예수님께 주겠다고 말했습니다.

예수님께서 그에게 대답하셨습니다. "…사탄아 물러가라 기록되었으되 주 너의 하나님께 경배하고 다만 그를 섬기라 하였느니라"(마 4:10).

사탄은 이런 유혹들로 예수님을 넘어지게 할 수 없었습니다. 예수님은 말씀에서 말한 것을 선포함으로써 단호하게 이겨내셨습니다. 예수님은 말씀으로 사탄을 물리치셨습니다. 그는 거룩하고 진실하시므로, 그의 이러한 성품은 유혹의 시험과 시련을 견뎌냈습니다. 사탄은 예수님에게서 아무런 잘못도 찾지 못했습니다.

하나님도 사람도 마귀도 예수님에게서 아무런 잘못을 찾지 못했습니다. 그의 성품은 거룩하고 진실하기 때문입니다.

## 예수님은 충성되고 진실된 증인이십니다

그의 성품에서 어떠한 결점도 찾아낼 수 없었기 때문에, 예수님께서도 그 자신에 대해 요한계시록 3장 7절에서 '진실한 자'라고 말할 수 있었습니다. 충성과 진실이 영원히 그의 이름들 중의 하나이기에, 우리는 예수님의 성품이 충성되고 진실한 것을 압니다.

계 19:11
또 내가 하늘이 열린 것을 보니 보라 백마와 **그것을 탄 자가 있으니 그 이름은 충신과 진실이라** 그가 공의로 심판하며 싸우더라

또한 요한계시록에서 예수님께서는 스스로 자신의 성품에 관해 다른 말씀으로 나타내 주셨습니다. 예수님께서는 자신이 충성되고 참된 증인이라고 밝히셨습니다.

계 3:14
라오디게아 교회의 사자에게 편지하라 아멘이시요 **충성되고 참된 증인이시요** 하나님의 창조의 근본이신 이가 이르시되

어떻게 성경은 예수님이 충성되고 참된 증인이라고 말할 수 있었을까요? 왜냐하면 예수님은 충성되게 그 아버지를 나타내셨기 때문입니다. 예수님께서 이렇게 말씀하셨던 것을 기억해 보십시오. "…나를 본 자는 아버지를 보았거늘 어찌하여 아버지를 보이라 하느냐"(요 14:9).

실제로 예수님께서 이 땅에 계실 때, 하나님 아버지에 대한 예수님의 말씀이 너무 충성되고 참되어서 사람들은 예수님을 보고 하나님이 어떤 분이신지 알 수 있었습니다. 사람들은 하나님의 성품과 본성을 예수님에게서 볼 수 있었던 것입니다. 사도행전 10장 38절은 예수님에 대하여 이렇게 말하고 있습니다. "… 저가 두루 다니시며 선한 일을 행하시고 마귀에게 눌린 모든 사람을 고치셨으니 이는 하나님이 함께 하셨음이라."

우리는 또 예수님이 다음과 같이 말씀하셨기 때문에 그가 참된 증인인 것을 알 수 있습니다. "내가 하늘로서 내려온 것은 내 뜻을 행하려 함이 아니요 나를 보내신 이의 뜻을 행하려 함이니라"(요 6:38). "참되다"는 말의 정의는 '정직하다, 굳세다, 영예롭다, 정의롭다, 옳다 그리고 충성되다' 라는 것입니다.

예수님은 정직하고, 굳세고, 영예롭고, 정의롭고, 옳고, 충

성되었기 때문에 이 땅에서 하나님의 뜻을 이루어내셨습니다. 예수님께서 말씀하셨습니다. "내가 너희에게 이르는 말은 스스로 하는 것이 아니라 아버지께서 내 안에 계셔 그의 일을 하시는 것이라"(요 14:10). 예수님은 모든 상황에서 아버지의 충성되고 참된 증인이었습니다.

> 요 12:49,50
> 내가 내 자의로 말한 것이 아니요 나를 보내신 아버지께서 내가 말할 것과 이를 것을 친히 명령하여 주셨으니 나는 그의 명령이 영생인 줄 아노라 그러므로 내가 이르는 것은 내 아버지께서 내게 말씀하신 그대로니라 하시니라

예수님은 충성되고 참되셔서 아버지로부터 들은 것만을 말씀하셨습니다. 예수님은 그의 말에서도 하늘에 계신 아버지를 충성되게 나타내셨습니다.

사람들은 정치인과 여러 분야의 공인들에 대해 자주 "정말 그 사람은 어떤 사람일까요?"라고 질문하곤 합니다.

예를 들어, 기자들은 대통령이나 다른 공직에 출마하는 사람들에 대해 이렇게 묻곤 합니다. "그 사람은 정말 어떤 사람입니까?" 사람들은 그 후보에 대해 어떤 공적인 이미지를 얻을 수는 있지만, 동시에 그가 정말로 그런 사람인지를 알고 싶어 합니다.

때때로 사람들이 너무나 궁금해 하면서 "하나님은 정말 어떤 분이십니까?"라고 물을 수도 있습니다.

정말 하나님이 어떤 분이신지 알고 싶다면 예수님을 보십시오(행 10:38). 만약 하나님께서 말씀하시는 것을 듣고 싶다면 예수님의 말씀을 들으십시오. 예수님은 사람들에게 모든 면에서 하나님 아버지를 충성되게 나타내셨습니다.

## 예수님은 권한을 위임받은 분입니다 – 예수님은 다윗의 열쇠를 가진 분입니다

사 22:22
내가 또 다윗의 집의 열쇠를 그의 어깨에 두리니 그가 열면 닫을 자가 없겠고 닫으면 열 자가 없으리라

예수님은 권한을 위임 받은 분입니다. 예수님은 다윗의 열쇠를 가지신 분입니다. 성경에서 열쇠는 권력과 권세의 상징으로 쓰이곤 합니다. 한 사람에게 열쇠를 준다는 것은 그에게 중요한 임무를 맡긴다는 것을 의미합니다. 하나님께서는 충성되고 참된 예수님께 권위를 위임하셨습니다.

하나님께서는 다윗과 다윗의 자손이 와서 이스라엘 족속의 왕좌에 앉을 것이라고 약속하는 언약을 맺었습니다. 그 언약은 주 예수 그리스도께서 오시고 하늘로 승천하셔서 아버지의 보좌 우편에 앉으심으로 그대로 성취되었습니다(히 1:3).

렘 33:17,20,21
여호와께서 이와 같이 말씀하시니라 **이스라엘 집의 왕위에 앉을 사람이 다윗에게 영원히 끊어지지 아니할 것이며**

여호와께서 이와 같이 말씀하시니라 너희가 능히 낮에 대한 나의 언약과 밤에 대한 나의 언약을 깨뜨려 주야로 그때를 잃게 할 수 있을진대 내 종 다윗에게 세운 나의 언약도 깨뜨려 **그에게 그의 자리에 앉아 다스릴 아들이 없게 할 수 있겠으며**…

하나님께서는 이 말씀을 하실 때 예수님에 대하여 말씀하시고 계신 것이었습니다. 예수님의 이 땅의 아버지였던 요셉이 다윗의 자손이자 혈통이기는 하지만 예수님은 자연적인 씨로 태어나신 분이 아니었습니다(눅 1:27).

성경은 지극히 높으신 이의 능력이 마리아를 덮었다고 말하고 있습니다(눅 1:35). 그러므로 예수님은 초자연적인 씨로 태어난 분입니다. 예수님은 '초자연적으로' 다윗의 씨였고 혈통이었습니다.

눅 1:30-33
천사가 이르되 마리아여 무서워하지 말라 네가 하나님께 은혜를 입었느니라 보라 네가 잉태하여 아들을 낳으리니 그 이름을 예수라 하라 그가 큰 자가 되고 지극히 높으신 이의 아들이라 일컬어질 것이요 **주 하나님께서 그 조상 다윗의 왕위를 그에게 주시리니 영원히 야곱의 집을 왕으로 다스리실 것이며 그 나라가 무궁하리라**

다윗은 자연적인 영역에서 이스라엘을 지배하였습니다(삼하 5:5). 그러나 예언에는 그리스도께서 다윗의 자손으로부터 나서 그 백성들을 초자연적으로 다스릴 것이라고 되어있습니다. 그가 다윗의 보좌에 앉아서 영원히 군림할 것이라고 되어 있습니다. 그러므로 하나님께서 다윗과 맺은, 구약에 기록된 언약은 예수님을 통하여 성취된 것입니다(시 89:3,4,34,35; 132:11,12; 렘 33:20,21).

이것은 후에 신약에서 사가랴가 다윗의 집에서 나실 구세주에 대하여 예언할 때 확증되었습니다.

> 눅 1:68,69
> 찬송하리로다 주 이스라엘의 하나님이여 그 백성을 돌보사 속량하시며 우리를 위하여 **구원의 뿔**을 그 종 **다윗의 집**에 일으키셨으니

이것은 다윗의 열쇠를 받을 예수 그리스도에 대하여 말하고 있습니다. 한 주석에 따르면, 다윗의 열쇠는 "다윗 왕조 혹은 왕국의 권력과 권세를 의미합니다. 신약에서 이 권력은 부활한 그리스도께 위임되었습니다"라고 되어 있습니다.

우리는 성경에서 예수님께 왕국의 권세와 권위가 주어졌다는 것을 볼 수 있습니다. 다시 말해, 예수 그리스도는 궁극적으로 구세주이자 주로서 다윗의 집의 통치를 '초자연적으로' 수행하고 성취하게 되어 있는 것입니다.

그 후 오순절 날에, 베드로는 다락방에 모였던 120명의 신도들에게 말했습니다.

그는 예수 그리스도께서 다윗의 보좌에 앉아서 그의 백성을 다스릴 분이라는 사실을 확증하였습니다.

행 2:29,30,34-36
형제들아 내가 조상 다윗에 대하여 담대히 말할 수 있노니 다윗이 죽어 장사되어 그 묘가 오늘까지 우리 중에 있도다 그는 선지자라 하나님이 이미 맹세하사 그 자손 중에서 한 사람을 **그 위에 앉게 하리라** 하심을 알고
다윗은 하늘에 올라가지 못하였으나 친히 말하여 이르되 주께서 내 주에게 말씀하시기를 내가 네 원수로 네 발등상이 되게 하기까지 너는 내 우편에 앉아 있으라 하셨도다 하였으니 그런즉 이스라엘 온 집은 확실히 알지니 너희가 십자가에 못 박은 이 예수를 하나님이 **주와 그리스도가** 되게 하셨느니라 하니라

여러 다양한 성경 주석에 따르면, 고대 동방국가들에서는 권력과 권세의 상징으로서 열쇠를 어깨 위에 지고 다니기도 했다고 합니다.

구약의 구절들에서 언젠가 모든 정부와 권세들이 메시야의 지배 아래 있게 되리라고 한 예언은 예수님의 영원한 통치로 성취되었습니다. 다시 말해서, "그의 어깨에는 정사를 메고" 있는 것입니다.

사 9:6
이는 한 아기가 우리에게 났고 한 아들을 우리에게 주신 바 되었는데 **그의 어깨에는 정사를 메었고** 그의 이름은 기묘자라, 모사라, 전능하신 하나님이라, 영존하시는 아버지라, 평강의 왕이라 할 것임이라

그러므로 예수님의 영원한 군림에 대하여 이야기할 때, 다

윗의 집의 열쇠란 예수님이 가진 "정사를 그의 어깨 위에 둘만 한" 권위와 권세를 상징하는 것입니다.

> 고전 15:24
> 그 후에는 마지막이니 그가 **모든 통치와 모든 권세와 능력을** 멸하시고 나라를 아버지 하나님께 바칠 때라

우리의 본문 말씀인 요한계시록 3장 7절에서는 예수님께 모든 권세가 주어졌다는 뜻으로 그에게 다윗의 열쇠가 주어졌다는 말을 하고 있습니다. 그것이 바로 "… 그의 어깨에는 정사를 메었고…"라는 말씀의 의미입니다.

그리스도이자 주로서, 예수님께서는 여호와께서 영원무궁하도록 다스리시리라는 구약의 예언을 그대로 성취하셨습니다. 다윗의 언약을 완수하신 것입니다. 예수님께서 영적인 영역에서 다윗의 보좌에 앉아 그 백성 이스라엘을 영원히 통치하고 다스리도록 다윗의 열쇠가 그에게 주어졌습니다. 그리고 그의 왕국은 무궁할 것입니다.

> 눅 1:32,33
> 그가 큰 자가 되고 지극히 높으신 이의 아들이라 일컬어질 것이요 주 하나님께서 **그 조상 다윗의 왕위를** 그에게 주시리니 **영원히 야곱의 집을 왕으로 다스리실 것이며 그 나라가 무궁하리라**

이제 여러분은 왜 예수님께서 문을 열고 닫을 권세와 능력을 가진 분이신지 알 수 있을 것입니다.

계 3:7
… 거룩하고 진실하사 **다윗의 열쇠를 가지신 이** 곧 **열면** 닫을 사람이 없고 **닫으면** 열 사람이 없는 그가 이르시되

예수님께서 여신 것은 아무도 닫을 수 없습니다. 또한 예수님은 문을 닫을 권세를 가졌으며, 그가 닫으면 아무도 열 수 없습니다. 다윗의 열쇠는 예수님께서 누구도 가지지 못한 권세를 가지셨다는 것을 의미합니다.

이사야 또한 문을 열고 닫는 예수님의 권세에 대하여 예언했습니다. 그도 예수님의 권세와 관련하여 "다윗의 열쇠"라는 말을 사용한 것에 주의하십시오. 이사야도 예수님의 통치에 대해 이야기 하면서, 하나님께서 "다윗의 열쇠를 예수의 어깨에 둘" 것이라고 예언한 것은 흥미로운 일입니다.

사 22:22
내가 또 **다윗의 집의 열쇠를 그의 어깨에 두리니 그가 열면** 닫을 자가 없겠고 **닫으면** 열 자가 없으리라

또한 다윗의 집의 열쇠는 하나님과 영생에 접근할 수 있는 능력과 권세로 이해될 수 있습니다. 우리는 예수님께서 권한을 위임받으신 분이며, 우리로 하여금 하나님과 영생에 접근할 수 있게 하시는 분인 것을 알고 있습니다. 왜냐하면 성경이 이렇게 말하기 때문입니다. "하나님은 한 분이시요 또 하나님과 사람 사이에 중보도 한 분이시니 곧 사람이신 그리스도 예수라"(딤전 2:5).

그리고 예수님 자신도 이렇게 말씀하셨습니다. "내가 사망과 음부의 열쇠를 가졌노니." 그 어떤 '사람'도 사망과 음부에 대한 권세를 가지고 있지 않습니다.

계 1:18
곧 살아 있는 자라 내가 전에 죽었었노라 볼지어다 이제 세세토록 살아 있어 **사망과 음부의 열쇠**를 가졌노니

예수님께서 사망의 권세 아래 있는 지옥으로 내려가셔서 포로들을 사로잡으셨음에 감사드립니다(엡 4:8,9). 그는 사망과 음부의 열쇠를 사탄으로부터 빼앗아 오래전 그 기쁜 부활의 날에 일어나셨습니다. 사망과 지옥과 무덤으로부터 승리하셨습니다!

예수님께서 죽음에서 다시 살아나셨을 때, 그는 제자들에게 가서 말씀하셨습니다. 예수님께서는 그가 하늘과 땅의 모든 권세를 가진, 권한을 위임받은 분이라는 계시를 주셨습니다. 정사가 그의 어깨에 있습니다! 그분만이 다윗의 열쇠를 가지셨습니다.

마 28:9,10,16-18
예수께서 그들을 만나 이르시되 평안하냐 하시거늘 여자들이 나아가 그 발을 붙잡고 경배하니 이에 예수께서 이르시되 무서워하지 말라 가서 내 형제들에게 갈릴리로 가라 하라 거기서 나를 보리라 하시니라

열한 제자가 갈릴리에 가서 예수께서 지시하신 산에 이르러 예수를 뵈옵고 경배하나 아직도 의심하는 사람들이 있더라 예수께서 나아와 말씀하여 이르시되 **하늘과 땅의 모든 권세를 내게 주셨으니**

예수님께서는 그의 제자들에게 하늘과 땅의 모든 권세가 그에게 주어졌다고 말씀하셨습니다. 어떻게 모든 권능이 예수님께 주어질 수 있었을까요? 왜냐하면 그는 거룩하신 분이시기 때문입니다. 진실된 분이시기 때문입니다. 그는 충성되고 참된 증인이기 때문입니다.

그는 권한을 위임받은 분이십니다. 그는 다윗의 열쇠, 즉 영원한 능력과 권세의 열쇠를 가지셨습니다. 그는 문을 열고 닫도록 허락된 분입니다. 그리고 예수님은 사망과 음부의 열쇠를 가지고 계십니다(계 1:18).

계 5:1-5
내가 보매 보좌에 앉으신 이의 오른손에 두루마리가 있으니 안팎으로 썼고 **일곱 인으로 봉하였더라** 또 보매 힘있는 천사가 큰 음성으로 외치기를 누가 그 두루마리를 펴며 그 인을 떼기에 합당하냐 하나 **하늘 위에나 땅 위에나 땅 아래에 능히 그 두루마리를 펴거나 보거나 할 자가 없더라 그 두루마리를 펴거나 보거나 하기에 합당한 자가 보이지 아니하기로** 내가 크게 울었더니 장로 중의 한 사람이 내게 말하되 울지 말라 **유대 지파의 사자** 다윗의 뿌리가 이겼으니 **그 두루마리와 그 일곱 인을 떼시리라** 하더라

예수님만이 일곱 인으로 봉인된 두루마리를 열 수 있는 유

일한 분이십니다. 왜냐하면 그는 거룩하시고 진실하시며, 충성되고 참된 증인이시기 때문입니다. 예수님은 권한을 부여받은 분입니다. 그는 다윗의 열쇠와 사망과 음부의 열쇠를 쥐고 계십니다.

## 예수님의 두 가지 일

사실 우리 본문 말씀인 요한계시록 3장 7절은 우리에게 두 가지, 즉 예수님의 '성품'과 예수님의 '일'에 관해 보여주고 있습니다. 우리는 그의 성품을 이미 보았습니다. 그렇지만 이 구절에서 우리는 거룩하시고 진실하신 분이 하시는 '일'에 관하여도 볼 수 있습니다.

> 계 3:7
> 빌라델비아 교회의 사자에게 편지하라 거룩하고 진실하사 다윗의 열쇠를 가지신 이 곧 열면 닫을 사람이 없고 닫으면 열 사람이 없는 그가 이르시되

예수님의 일은 사실상 두 가지입니다. 그는 문을 열고, 닫습니다. 그는 그 자신에 대하여 이렇게 말씀하셨습니다. "내가 문을 '열면' 아무도 그 문을 닫을 자가 없으리라. 그리고 내가 문을 '닫으면' 열 자가 없으리라" 문을 열고 닫는 것은 예수님의 권위를 상징하는 것입니다. 열쇠의 상징은 그의 권위에 대한 그림입니다.

그러므로 예수님께서 하시는 일의 하나는 문을 열고 닫는 것입니다. 실제로 복음서에서는 예수님께서 스스로를 문이라고 불렀습니다. 예수님은 이렇게 말씀하였습니다. **"내가 문이니** 누구든지 나로 말미암아 들어가면 구원을 받고 또는 들어가며 나오며 꼴을 얻으리라"(요 10:9).

그래서 우리는 예수님이 구원의 문이신 것을 알 수 있습니다. 예수님은 그를 믿고 영접하는 모든 자들에게 열린 문이십니다. 성경은 말합니다. "다른 이로서는 구원을 얻을 수 없나니 천하사람 중에 구원을 받을 만한 다른 이름을 우리에게 주신 일이 없음이라 하였더라"(행 4:12).

이 대목은 환성을 지르기에 충분합니다! 그러나 예수님은 요한계시록 3장 8절에서도 말씀하셨습니다. "볼지어다 내가 네 앞에 **열린 문**을 두었으되 능히 닫을 사람이 없으리라…" 모든 사람이 구원의 열린 문으로 들어오도록 초청 받았습니다.

예수님께서는 그의 백성들을 향한 그의 축복의 문을 닫지 않고 계십니다! 하나님 감사합니다. 그의 축복의 문은 모두에게 열려 있습니다. 모두가 그 열린 문으로 들어갈 수 있습니다.

또한 예수님은 문을 닫는 자이십니다. 만약 사람들이 예수님과 그의 축복의 열린 문을 받아들이기를 거절한다면, 결국 문들은 닫힐 것입니다.

## 예수님께서 당신을 위해 열어놓은 문을 '당신이' 닫을 수 있을까요?

예수님께서 당신을 위해 문을 여실 때, 누구도 그것을 닫을 수 없다는 것을 알아야 합니다. 당신의 어머니가 그 문을 닫을 수 없습니다. 당신의 아버지도 그 문을 닫을 수 없습니다. 당신의 목사님도 예수님께서 열어놓으신 그 문을 닫을 수 없습니다.

실제로 '당신'이 당신의 삶에서의 하나님의 축복의 문을 닫을 수 있는 유일한 사람입니다. 어떻게 닫느냐고요? 이해의 부족이나 불순종에 의해서입니다. 우리가 하나님으로부터 받는 모든 것에는 하나님 쪽에서 해야 할 일과 사람 쪽에서 해야 할 일이 있습니다.

대부분 사람들은 하나님께 모든 것을 떠넘기려고 합니다. 그들은 말합니다. "내가 무엇이 필요하든지, 하나님께서는 그걸 주실 거에요. 만일 내게 치유가 필요하다면 하나님께서는 치유를 주시겠지요. 그게 뭐든, 하나님께서는 바로 주실 겁니다."

좋은 말입니다.

참 신앙이 좋은 것같이 들립니다. 그러나 예수님께서 말씀하신 문맥에 비추어 보면 이것은 진리가 아닙니다. 왜냐고요? 하나님의 공급에서 보면 예수님께서는 이미 우리 앞에 '열린' 문을 두셨기 때문입니다.

엡 1:3
찬송하리로다 하나님 곧 우리 주 예수 그리스도의 아버지께서 그 리스도 안에서 **하늘에 속한 모든 신령한 복을 우리에게 주시되**

다시 말해, 하나님께서 우리에게 '모든' 신령한 복을 주셨으므로 이미 하나님의 축복의 열린 문은 우리가 들어가도록 놓여 있다는 것입니다. 그렇다면 하나님의 축복을 향해 열린 예수님의 문은 어떤 것들일까요?

거기에는 구원의 열린 문, 봉사와 기회의 문, 신유의 문, 발언(utterance)의 문, 그리고 재정적 축복의 문도 있습니다. 그리고 또한 예수님은 천국의 문도 우리를 위하여 열어 놓으셨습니다.

예수님께서는 우리를 위한 그의 축복의 문을 활짝 여셨기 때문에, 그 문으로 들어갈 것인지 말 것인지는 우리의 책임입니다.

성경 전체를 통틀어 구약에서부터 신약의 마지막 페이지까지, 당신은 하나님의 말씀이 하나님의 축복을 받는 것에 대한 책임을 각 개인에게 두고 있다는 것을 반복적으로 발견하게 될 것입니다.

예를 들어, 하나님께서는 "…너희가 섬길 자를 오늘 택하라…"(수 24:15)라고 말씀하셨습니다. 우리에게 선택권을 주신 것입니다. 하나님께서는 "내가 너희들이 섬길 신을 택해 주겠다"라고 말씀하시지 않으셨습니다. 분명히 하나님께서는 '너희가' '섬길 자를' 택하라고 말씀하셨습니다.

그리고 요한 계시록에서 하나님의 말씀은 이렇게 말하고 있습니다. "성령과 신부가 말씀하시기를 오라 하시는도다 … **원하는 자**(whosoever will)는 값없이 생명수를 받으라 하시더라"(계 22:17).

"누구든지(whosoever)"라고 말하고 있는 것에 주목하십시오. 이것은 각 개인이 하나님의 축복의 문에 들어갈 것인지를 스스로 결정해야만 한다는 것을 의미합니다!

하나님의 축복과 하나님께서 당신이 가지기 원하시는 다른 모든 것들은 익은 앵두가 나무에서 떨어지듯이 자동적으로 당신 앞에 떨어지는 것이 아닙니다.

그렇습니다. 하나님의 축복과 공급을 받기 위해서 당신이 꼭 해야만 하는 일들이 있습니다. 하나님으로부터 받는 일에 있어서도 '당신'이 해야 할 일이 있습니다.

예수님께서는 이미 축복의 문을 열어 놓으셨으므로, 그분은 그의 역할을 다 하셨습니다. 그리고 예수님께서는 당신 앞에 누구도 닫을 수 없는 열린 문을 두셨기 때문에, 그리로 걸어 들어가는 것은 '당신'에게 달려 있습니다.

여러분들은 어떨지 모르지만, 나는 "열린"이라는 말을 좋아합니다. '닫히'거나 '막혀' 있지 않고, '열린' 것 말입니다. 예수님께서 우리들 앞에 이미 열어 놓은 하나님의 축복과 공급의 문으로 인해 하나님께 감사드립니다!

주께서 이미 예비하셨음에도 하나님의 약속과 공급을 한 번도 누려보지 못하고 인생의 여정의 마지막에 도달하게 된다면 정말 유감스러운 일이 아니겠습니까? 그러므로 예수님께서 우리에게 활짝 열어놓으신 문으로 들어갈 수 있도록, 우리는 성경에서 각 문에 대해 어떻게 말씀하고 계신지를 알아야 합니다.

제 2 장

# 예수, 구원의 열린 문

예수님께서는 모든 사람들에게 구원의 문을 열어 놓으셨습니다. 하나님 감사합니다. 예수께서 열어 놓으신 구원의 문은 누구도 닫을 수 없습니다. 예수 그리스도를 구세주로 받아들이지 않음으로써 스스로 그 문으로 들어가는 것을 거절하지 않는 한 말입니다.

예수님이 구원의 문이라는 것은 무슨 뜻일까요? 예수님께서 이렇게 말씀하신 것을 기억해 보십시오. "내가 문이니 누구든지 나로 말미암아 들어가면 구원을 받고…"(요 10:9).

그리고 히브리서 10장 20절은 말합니다. "그 길은 우리를 위하여 휘장 가운데로 [예수께서] 열어 놓으신 새로운 살 길이요 휘장은 곧 그의 육체니라." 다시 말해 예수님께서는 갈보리 십자가에서 그의 피를 흘리심으로 이 땅에 태어날 모든 사람을 위하여 구원의 문을 열어 놓으신 것입니다.

예수님께서 우리 모두의 죄를 사하기 위해 죽으시고 피 흘리셨을 때, 성소와 지성소를 가르는 휘장이 둘로 찢어졌습니다. 옛 언약 아래에서 그 휘장은 사람들로부터 하나님의 임재가 거했던 지성소를 분리시켰습니다.

히 10:19,20(확대번역)
그러므로 형제들아 우리가 예수의 피[의 능력과 효력]로 온전한 자유와 확신을 얻어서 지성소에 들어갈 수 있나니 우리를 위하여 휘장을 갈라놓으시므로[지성소를 가르는] 창시하고 헌신하고 열어놓은 이 신선한 (새로운) 생명의 길이요, 그것은 **그의 육신으로** 한 일이니라

갈보리 십자가에서 예수님 자신의 육체를 희생함으로 휘장이 찢어지고 난 후, 하나님의 임재는 더 이상 사람이 만든 성전에 머무실 수 없었습니다. 예수님의 희생으로 인하여, 하나님의 임재는 예수를 그의 구세주로 받아들이는 모든 사람들 안에 거하시기 위하여 오셨습니다(요 14:23).

## 예수님께서 문이 되십니다

예수님께서 구원의 문이 되십니다. 그분이 자신을 희생하심으로 모든 사람들이 구원받을 수 있는 길을 만드셨기 때문입니다. 그리고 예수님께서는 자신을 스스로 문이라고 부르셨습니다. 우리에게 구원과 영생을 줄 다른 문은 없습니다(행 4:12).

요한복음 10장에서 우리는 예수님께서 문이시자 선한 목자이신 것을 볼 수 있습니다. 11절에서 예수님은 스스로를 선한 목자라고 부릅니다. 선한 목자는 그의 양을 위하여 그의 목숨을 내어 놓습니다. 양은 그의 목소리를 알고 그를 따릅니다.

요 10:1-11
내가 진실로 진실로 너희에게 이르노니 **문**을 통하여 양의 우리에 들어가지 아니하고 다른 데로 넘어가는 자는 절도며 강도요 **문**으로 들어가는 이는 양의 목자라 문지기는 그[목자]를 위하여 문을 열고 **양은 그의 음성을 듣나니** 그가 자기 양의 이름을 각각 불러 인도하여 내느니라 자기 양을 다 내놓은 후에 앞서 가면 **양들이 그의 음성을 아는 고로** 따라오되 타인의 음성은 알지 못하는 고로 타인을 따르지 아니하고 도리어 도망하느니라 예수께서 이 비유로 그들에게 말씀하셨으나 그들은 그가 하신 말씀이 무엇인지 알지 못하니라 그러므로 예수께서 다시 이르시되 내가 진실로 진실로 너희에게 말하노니 **나는** 양의 **문이라** 나보다 먼저 온 자는 다 절도요 강도니 양들이 듣지 아니하였느니라 **내가 문이니 누구든지 나로 말미암아 들어가면 구원을 받고** 또는 들어가며 나오며 꼴을 얻으리라 도둑이 오는 것은 도둑질하고 죽이고 멸망시키려는 것뿐이요 내가 온 것은 양으로 생명을 얻게 하고 더 풍성히 얻게 하려는 것이라 **나는 선한 목자라** 선한 목자는 양들을 위하여 목숨을 버리거니와

예수님은 선한 목자시기 때문에, 문지기는 그를 위하여 문을 열어줍니다. 구원의 문이신 예수님께서는 도둑이나 강도가 와서 해칠 수 없도록 그의 양을 보호하고 계십니다. 예수님은 구원의 문이시자 그의 양을 보호하는 선한 목자이신 것입니다.

구원의 문이신 예수님께서는 이 땅에 태어날 모든 사람을 위하여 이미 구원의 길을 마련해 놓으셨습니다. 그러나 각 사람은 그 구원의 문으로 스스로 걸어 들어가야만 합니다. 하나

님께서는 예수 그리스도를 구세주로 받아들일 것인지 말 것인지에 대한 책임을 우리 각 사람에게 두셨습니다.

## 구원의 정의

우리가 구원의 문에 대하여 이야기할 때 우리는 예수님께서 거듭남과 죄사함을 준비해 놓으신 것에 대하여 말하고 있는 것입니다. 십자가 위에서의 예수님의 희생 때문에, 우리는 영생을 받을 수 있고 그리스도 예수 안에서 새로운 피조물이 될 수 있는 것입니다(고후 5:17).

그러나 여러분, 구원에는 거듭남과 죄사함, 그 이상의 것이 있습니다. 이것들은 구원의 일부일 뿐, 전부는 아닙니다.

"구원"이라는 말은 거듭남 이상의 의미를 담고 있습니다.

> 롬 1:16
> 내가 복음을 부끄러워하지 아니하노니 이 복음은 모든 믿는 자에게 **구원**을 주시는 **하나님의 능력**이 됨이라 먼저는 유대인에게요 그리고 헬라인에게로다

내 성경 여백에는 히브리어와 희랍어의 구원이라는 단어가 죄의 사함 뿐 아니라 치유와 건강도 포함되어 있다고 메모되어 있습니다. 실제로, "구원"이라는 단어는 치유, 건강, 안전, 구속, 건전함 그리고 온전함 등을 의미합니다.

이 구원의 문으로 들어가기를 "원하는 누구든지!" 각 개인

들은 구원이 주는 축복과 유익으로 들어갈 것인지 말 것인지를 스스로 선택해야만 합니다. 구원의 유익이란 치유, 건강, 안전, 구속, 건전함 그리고 온전함 등입니다.

> 계 22:17
> 성령과 신부가 말씀하시기를 오라 하시는도다 듣는 자도 오라 할 것이요 목마른 자도 올 것이요 또 **원하는 자**는 값없이 생명수[구원]를 받으라 하시더라

사랑하는 여러분, 그 문은 아직도 열려 있습니다. 그러나 머지않아 닫힐 것입니다. 그리고 그때는 이미 너무 늦습니다(고후 6:2; 창 6:3). 구원의 문에 들어갈 것인가를 결정할 사람은 당신입니다. 오직 당신이 자신의 영원을 어디서 보낼지 결정하는 것입니다.

어떤 사람들은 자기들이 다른 사람의 영원을 어디서 보내게 될지 결정할 수 있다고 생각하는 것 같습니다. 만일 어떤 사람들이 구원받는 것에 관여해야 한다면 그들은 그들이 원하지 않는 특정한 사람들이 구원의 문으로 들어가지 못하게 할 것입니다! 그들이 다른 사람의 구원의 문을 닫아 버릴 수도 있을 것입니다.

그리고 또 어떤 사람들이 구원의 문을 열고 닫을 권한을 가졌다면, 그들은 구원의 문을 통과하기 위해 충족시켜야 할 특정한 규칙, 규율, 요건 같은 것들을 만들어 놓을 것입니다.

예를 들어, 자기 교단 소속이 아니면 구원을 받을 수 없다고 생각하는 사람들이 있습니다. 또 어떤 사람들은 특정한 방법으로 물로 세례를 받아야만 구원받을 수 있다고 믿는 사람들도 있습니다. 그렇지만 다행히도 이 모든 인간적인 생각들은 잘못된 것들입니다.

사실, 나는 수 년 동안 여러 사람들로부터 내가 그들의 소모임에 속하지 않았기 때문에 죽어서 천국에 가지 못할 것이라는 말을 들어왔습니다. 그들은 나의 구원의 문을 닫으려고 하였습니다. 그러나 예수님께서 그 문을 열어 놓으셨고, 누구도 그 문을 닫을 수가 없는 것입니다!

내가 예수님을 통하여 구원의 열린 문을 찾은 것에 대해 하나님께 감사드립니다. 그리고 거듭난 후 나는 내가 이미 그 문을 통과했다는 것을 알았습니다! 나는 구원받았던 것입니다! 나는 다른 사람들에게 내가 그 문으로 들어갈 수 있는지 아닌지 물어볼 필요가 없었습니다. 예수님께서 단번에 자신을 희생 제물로 삼으심으로 영원히 그 문제를 해결하셨습니다!

그리고 그 구원의 문은 오늘날까지 아직 열려 있습니다. 이것은 항상 열려 있지는 않을 것입니다. 그러나 아직은 열려 있습니다. 그렇지만 그 구원의 문이 닫힐 날이 올 것입니다. 그때는 예수님을 주와 구세주로 받아들이기에는 너무 늦게 됩니다.

## 닫힌 방주의 문

우리는 예수님께서 열어 놓으신 문에 대하여 지금까지 긍정적인 면을 이야기하였습니다. 그러나 성경은 그가 문을 열 뿐만 아니라, 닫기도 한다고 말하고 있습니다. 예수님께서는 "열면 닫을 사람이 없고 닫으면 열 사람이 없는"(계 3:7) 분인 것입니다.

예수님께서 닫으신 문은 어떤 문일까요? 우선, 그는 재앙의 홍수의 문을 닫으셨습니다. 창세기를 보면 제가 무슨 말을 하는지 아실 것입니다.

성경에는 노아의 때에 주님께서 노아와 언약을 맺는 장면이 나옵니다. "그러나 너와는 내가 내 언약을 세우리니 너는 네 아들들과 네 아내와 네 며느리들과 함께 그 방주로 들어가고"(창 6:18).

노아는 하나님께 순종하여 방주를 만들었습니다. 그리고 하나님께서 노아와 그의 아들 및 아내들에게 안전과 안위를 위하여 방주로 들어가라고 하는 날이 왔습니다. 또한 하나님께서는 하나님의 창조물을 보존하기 위하여 노아에게 모든 새와 동물의 종류마다 두 마리씩을 취하라고 하셨습니다(창 6:19).

다른 사람들에게도 분명히 방주에 들어갈 기회가 있었습니다. 왜냐하면 성경은 노아가 의를 '전파' 했다고 말하고 있기 때문입니다(벧후 2:5). 그러나 그 세대의 악인들은 듣지도 않고 그 기회를 잡지도 않았습니다.

창 6:13,14,16
하나님이 노아에게 이르시되 모든 혈육 있는 자의 포악함이 땅에 가득하므로 그 끝 날이 내 앞에 이르렀으니 내가 그들을 땅과 함께 멸하리라 너는 고페르 나무로 너를 위하여 **방주를 만들되** 그 안에 칸들을 막고 역청을 그 안팎에 칠하라
거기에 창을 내되 위에서부터 한 규빗에 내고 **그 문**은 옆으로 내고 상 중 하 삼층으로 할지니라

위 말씀에 주목하십시오. 하나님께서는 노아에게 방주에 문을 내라고 특별히 말씀하셨습니다. 그러나 다음 구절에도 주목하십시오. 노아는 방주의 문을 스스로 닫지 않았습니다. 그는 할 수 없었습니다.

성경은 노아와 그의 가족이 들어간 후 문을 닫은 분은 주님이었다고 말합니다. 그 문은 노아와 그 가족들에게는 구원의 문이었지만, 방주 밖에 있는 사람들에게는 심판의 문이었습니다.

창 7:16
들어간 것들은 모든 것의 암수라 하나님이 그에게 명하신 대로 들어가매 **여호와께서 그를 들여보내고 문을 닫으시니라**

주님은 노아와 그의 가족이 들어간 후 앞으로 오는 재앙으로부터 그들을 보호하기 위하여 방주의 문을 닫으셨습니다. 그 문을 닫으심으로, 하나님은 물에서 구원을 얻은 이 여덟 명을 재앙으로부터 차단하셨습니다(벧전 3:20).

결국 주님께서 문을 닫으시는 때가 왔던 것입니다! 노아가 닫은 것이 아닙니다!

인간의 본성은 물 심판의 때로부터 조금도 변하지 않았습니다. 환난의 때에 사람들은 그들 삶을 보전하고 스스로를 구원하기 위해 할 수 있는 모든 것을 할 것입니다. 하나님께서 이미 문을 닫으신 후에 수많은 악인들이 방주에 들어가려고 안간힘을 쓴 것은 당연한 일입니다. 그러나 하나님께서 닫으신 그 문은 누구도 열 수 없습니다.

비가 내리고 홍수가 오자, 그 방주는 떠다니기 시작했습니다! 물은 계속 증가하여 지붕도, 나무 꼭대기도 잠겼습니다. 아마도 수많은 노아의 친척, 친구, 이웃들이 방주 근처에 헤엄쳐 와서 이렇게 울부짖었을 것입니다. "노아, 우리들을 들여보내 주세요! 노아, 우리들을 들여보내 주세요!"

그러나 우리가 다 아는 바와 같이 너무 늦었습니다. 노아는 그 문을 열 수 없었습니다. 왜냐하면 그가 닫은 것이 아니기 때문입니다. 하나님께서 그 문을 닫으셨습니다. 그 문은 노아와 그의 가족들은 보호하고, 악인들은 내쫓았습니다. 노아가 그들에게 전파하고 기회를 줄 때, 그들은 안전한 방주로 들어왔어야 했습니다(벧후 2:5).

이 문이 닫히고, 일단 때가 지나면 어떤 사람도 그 문을 열 수 없다는 사실은 나에게 또 다른 문을 연상시킵니다. 그것은 지옥의 문입니다.

## 지옥의 문은 영원히 닫힐 것입니다

예수님께서는 믿는 자들에게 음부의 권세가 교회를 이기지 못할 것이라고 말씀하셨습니다(마 16:18). 즉, 사탄의 어둠의 왕국은 주 예수 그리스도의 교회에 대하여 승리할 수 없다는 것입니다. 그러나 언젠가는 문자 그대로 지옥의 문이 완전히 닫히고, 예수님께서 마련하신 구원을 거부했던 망령되고 악한 자들은 영원히 갇힐 것입니다.

그러나 하나님께서는 사람들을 벌하기 위해 지옥을 만들지 않으셨습니다. 하나님께서는 마귀와 그 사자들을 가두기 위하여 지옥을 만드셨습니다(마 25:41). 하나님께서는 어떤 사람도 지옥으로 보내시지 않습니다. 주 예수 그리스도를 구세주로 영접하지 않는 그 자신의 죄로 인하여 사람이 스스로 지옥에 가는 것입니다.

하나님께서는 사람이 예수님을 영접하지 못하도록 구원의 문을 닫아놓고 계시지 않으십니다. 그는 사람들에게 선택권을 주십니다. 사람들 자신만이 스스로의 구원의 문을 닫을 수 있는 유일한 존재입니다. 그러나 지옥의 문이 영원히 닫히면, 예수 그리스도를 거부한 사람들은 영원히 잃어버린바 될 것입니다.

또한, 언젠가 천국의 문도 죄악을 행하는 자들에게 닫힐 것입니다. 성경은 요한계시록 21장 27절에서 이렇게 말하고 있습니다. "무엇이든지 속된 것이나 가증한 일 또는 거짓말 하는 자는 결코 그리[천국]로 들어오지 못하되…"

우리는 확대 번역본에서 이것을 더 분명하게 볼 수 있습니다.

계 21:27(확대번역)
무엇이든지 속된 것이나 가증한 것 혹은 씻기지 않은 것은 그곳 [천국]으로 들어오지 못할 것이라, 혹은 혐오스러운 일—즉 더럽고 미움을 받을 만한 일, 도덕적으로 모순된 일들 – 을 하는 자든지 혹은 배신하는 일을 하는 자는 들어가지 못하고, 어린 양의 생명책에 그 이름이 기록된 모든 자들만 들어 갈 것이라

사랑하는 여러분, 사랑하는 사람들과 하나님으로부터 영원히 분리될 잃어버린 영혼들을 생각한다면, 우리는 그들을 구원하기 위해 서둘러 힘써야 합니다.

그리고 구원의 확신이 없는 모든 사람들이 하나님으로부터 영원히 분리될 것을 생각한다면, 우리는 그들이 예수님을 받아들이고 그 심령이 하나님과 옳은 관계를 가지도록 독려해야 합니다.

사람들은 종종 이렇게 말합니다. "구원받을 기회가 있을 것입니다. 나는 기본적으로 좋은 사람이고, 교회도 다닙니다. 그래서 나는 죽으면 천국에 갈 것 '같습니다'."

그러나 만일 당신이 예수님을 안다면, 당신은 당신이 구원받을지도 모른다고 생각할 필요가 없습니다. 당신은 심령 중에 천국에 갈 수 있을지 없을지에 대한 의문을 가질 필요가 없습니다! 당신이 심령으로 예수님을 주와 구세주로 받아들

이면, 당신은 죽어서 천국에 갈 것이라는 확신을 가질 수 있습니다!

당신이 그리스도 안에 거하는 한, 당신은 구원 받을 가능성이 있는 것이 아닙니다. 당신의 구원은 확실합니다! 그러므로 만약 당신이 타락하였고, 하나님과 동행하지 않는다면, 당신은 그분과의 교제를 회복해야 합니다.

언젠가 본향으로 돌아가야 할 날이 올 것입니다. 그때는 이미 늦습니다. 그때까지 기다리지 마십시오. 믿는 자들은 언젠가 예수님과 영원히 함께 지낼 집으로 돌아갈 것입니다. 당신은 그날을 놓쳐서는 안 됩니다.

또한 성경은 천국에 갈 기회를 놓친 자들이 울며 이를 가는 때가 올 것이라고 말합니다(마 13:42,50; 25:30). 여러분 중 누구도 천국에 가는 때를 놓치지 않기 바랍니다!

자연적인 영역에서 기회를 무시하면 후회를 하게 됩니다. 그러나 영적인 영역에서 기회를 무시하면 그 후회는 자연적인 것과는 비교할 수가 없는 것입니다! 구원과 천국을 놓친다면 지옥에서 영원히 후회하게 될 것입니다.

나는 자연적인 영역에서 기회를 놓친 사람들이 실제로 허약해지고 일찍 죽는 것을 보아왔습니다. 그들의 삶은 변화되고 파괴되었습니다. 그들의 심령도 무너져 버린 것 같았습니다.

생각해 보십시오, 구원받고 천국에 갈 수 있는 기회를 놓친다면 얼마나 더 비통하고 고통스러울지 말입니다!

## 기회를 잃어버리면 영원히 후회하게 됩니다

내 고향에 나보다 조금 더 나이가 많았던 젊은이가 있었습니다. 그는 결혼했고 아이들도 있었습니다. 아이들이 자라면서, 그들 가족은 교회에 나오기 시작했습니다.

그 남자는 종종 내가 인도하는 예배에 오곤 했습니다. 그는 말씀을 듣고 잘못을 발견하고 아기처럼 울기도 했습니다. 실제로 눈물이 그의 얼굴을 타고 바닥에 떨어지기도 하였습니다. 그는 그의 죄를 일깨우시는 성령님의 능력에 압도되어 오한이 든 것처럼 덜덜 떨기도 했습니다. 그러나 나는 그가 그의 심령을 하나님께 드리도록 할 수 없었습니다.

그때까지 예수님께서는 그를 향한 구원의 문을 활짝 열어 놓고 계셨습니다! 나는 여러 번 그 남자와 구원에 대하여 개인적으로 이야기를 나누었습니다.

어느 날 밤, 우리는 예배가 끝난 후 집으로 1마일이 넘는 먼 길을 걸어가면서 그의 구원에 대하여 이야기를 나누었습니다. 나는 그가 하나님과의 관계를 바로 세워야 한다는 것을 알고 있었습니다. 그는 부도덕한 삶을 살고 있는 죄인이었습니다. 그는 결혼을 하였는데도 다른 여자들과 바람을 피우고 있었습니다.

내가 말했습니다. "당신은 한 가정의 가장이지 않습니까? 아이들을 생각해 보세요. 당신 자신 뿐 아니라 당신의 가족을 위해서라도 교회로 나와서 당신 자신이 먼저 하나님을 위한 삶을 사십시오." 그러나 어떻게 해도, 나는 그에게 결심을 시킬 수 없었습니다. 그는 예수님을 영접하지 않았고 구원을 받지 않았습니다.

수년이 지나갔습니다. 드디어 나는 목회를 그만두고 순회 사역으로 여행을 하면서 가르치게 되었습니다. 한 번은 서부 텍사스에서 집회를 하고 있었는데, 하나님께서 밤중에 그 남자에 대해 말씀하셨습니다.

나는 내가 부흥집회를 열고 있던 교회의 강단 앞에서 새벽 3, 4시 사이에 기도를 하고 있었습니다. 나는 항상 밤에 기도를 많이 하는 편입니다.

하나님께서는 나에게 고향으로 돌아가서 그 남자에게 한 번 더 구원을 받도록 이야기하라고 말씀하셨습니다. 생각해 보십시오! 하나님께서 내가 있던 서부 텍사스에서 300마일 넘게 떨어진 동부 텍사스의 내 고향으로 한 잃어버린 영혼을 위해 나를 보내신 것입니다!

그 남자는 아내와 다섯 아이를 버리고 다른 여자와 도망을 갔었습니다. 하나님께서는 나를 보내셨고 그에게 무슨 말을 할지 정확히 알려 주셨습니다. 나는 그의 행방을 수소문하여 결국 그를 찾아내었고, 그에게 예수님을 영접하는 것에 대하여 말하기 시작했습니다. 내가 입을 열어 그의 심령을 주님께 드리라고 그에게 말할 때마다, 그는 마치 내가 그를 채찍으로 때리는 것 같이 뛰었습니다.

그는 말 그대로 머리부터 발끝까지 떨고 있었습니다. 그리고 그는 마치 사랑하는 사람을 잃은 것처럼 엉엉 울었습니다. 나는 다 큰 남자가 그처럼 흐느끼고 떨며 울부짖는 것을 본 일이 없었습니다. 나는 결국 내가 말할 것을 모두 전했습니다. 그가 하나님 앞에 바른 심령을 가지고 구원받아야 한다고 말했습니다.

그가 말했습니다. "켄, 당신 말이 맞다는 것은 압니다. 당신이 나를 사랑하는 것도 압니다. 나는 당신이 말한 모든 것이 정말 그렇다는 것을 압니다. 내가 무엇을 해야 하는지도 압니다. 하지만 나는 하지 않을 것입니다.

내가 구원을 받아야만 한다는 것도 압니다. 내 삶을 예수님께 드려야만 하는 것도 압니다. 바르게 살아야 하는 것도 압니다. 나는 무엇이 옳은지 압니다. 하지만 나는 하지 않을 것입니다. 그렇게 하지 않을 것입니다!" 그리고 그는 돌아서서 나를 내버려두고 떠나버렸습니다.

나는 다시 설교를 하기 위하여 서부 텍사스로 돌아갔습니다. 그러나 나는 그가 몹시 걱정 되었습니다. 그래서 이른 아침 4시 쯤, 나는 강대상에 엎드려 그를 위하여 기도했습니다.

갑자기 주님의 말씀이 나에게 왔습니다. "그를 그냥 놓아두어라. 그를 위하여 기도하지 말아라. 다시는 그를 위하여 어떤 기도도 하지 말아라."

나는 말했습니다. "오, 사랑하는 하나님!" 나는 일어나서 소리쳤습니다. "오, 주님! 그것은 옳지 않습니다. 저는 그 사람을 위해서 꼭 기도해야만 합니다!"

주님께서 말씀하셨습니다. "너는 구약에서 내가 에브라임에 대하여 '에브라임을 놔 두어라. 그를 그냥 내버려 두어라! 그는 그의 우상에 연합하였다' 라고 말한 것을 읽지 못하였느냐?"

호 4:17
에브라임이 우상과 연합하였으니 **버려두라**

하나님께서 이렇게 말씀하신 것입니다! 다시 말해, 하나님께서는 결국 에브라임에게서 문을 닫으셨습니다. 하나님께서 그의 예언자에게 이렇게 말씀하시고 계신 것입니다. "그에게 더 이상 예언하지 말라. 그를 내버려 두어라. 그는 그의 우상과 연합하였다. 다시는 에브라임을 위하여 기도하지 말아라."

오, 이것은 정말 슬픈 기록입니다! 기회를 놓치면 후회하게 됩니다. 하나님께서는 그 남자에게 예수 그리스도를 통해 구원 받을 많은 기회를 주셨지만, 그는 결코 예수님을 받아들이지 않았습니다. 그는 그의 심령을 하나님께 드리기를 완전히 거부했습니다.

그렇지만 이것이 그 남자에 대한 이야기의 끝이 아닙니다. 그 친구는 금발의 예쁜 아들이 하나 있었습니다. 그 아이는 총명했고, 교회에 가는 것을 좋아했습니다. 그는 주님을 사랑했습니다. 그 작은 소년은 아주 어릴 때 구원 받았습니다.

그런데 어느 날, 그 아이에게 무슨 일이 일어났습니다. 그의 선생님은 "나눌 이야기가 있으니 방문해 주십시오"라고 그의 어머니에게 통신문을 써 보냈습니다. 이 아이의 정신에 무슨 일이 일어난 것입니다. 그 후 그의 어머니는 그를 관찰하기 시작했습니다. 겨울에 그 어린 소년은 열려있는 난로 앞에 서 있곤 했는데, 옷에 불이 붙는데도 그는 몸에 아무런 감각을 느끼지 못했습니다.

그의 어머니는 아이를 의사에게 데리고 갔지만 의사들은 아무 것도 알아내지 못했습니다. 결국 그는 완전히 정신이 돌아버렸습니다. 그 당시에는 그런 아이를 맡길 곳이 없었습니다. 주에서도 그를 맡지 않았고, 결국 정신 지체아를 위한 시설에 그 아이를 맡겼습니다. 나는 그 아이가 수용된 마을 근처에서 회의에 참석하게 되어서, 아내에게 말했습니다. "거기 가서 그 아이를 방문할 수 있는지 알아봅시다. 지금은 열다섯이나 열여섯이 되었을 거에요."

그래서 아내와 나는 그 아이가 사는 시설에 방문하게 되었습니다. 우리는 그곳의 병원장이 되는 의사와 이야기를 했습니다. 그는 아이를 데리러 사람을 보내놓고 우리에게 말했습니다. "아이를 보시면 충격 받으실 겁니다. 당신들이 아이를 마지막으로 봤을 때 그는 아마도 아홉 살이나 열 살이었죠, 맞나요?"

나는 말했습니다. "예, 맞습니다."

그는 말했습니다. "그 아이는 성장하지 못했고 오히려 퇴보했습니다. 그래서 그는 예전보다 작습니다. 오히려 여섯 살 정도 아이의 크기도 안 됩니다. 아마도 지금은 다섯 살짜리 아이의 크기 쯤 될겁니다."

직원이 그 아이를 우리에게 데리고 왔을 때, 의사가 설명을 해 주지 않았더라면 나는 아이를 알아보지 못했을 것입니다. 나는 충격을 받았습니다. 나는 그 아이와 아는 사이였습니다. 그래서 아이에게 말을 걸어 나를 아는지 확인하려고 했지만, 그는 나를 알아보지 못했습니다. 아이가 그러한 상태에 있는 것이 가여웠습니다.

의사가 나에게 물었습니다. "이 아이의 가족들을 아십니까?"
"예." 내가 대답했습니다.
"목사님은 그들을 만날 계획이 있습니까?" 의사가 물었습니다.
"예. 그들은 내 고향에 살고 있고, 아내와 나는 회의가 끝난 후에 그곳에 들를 예정입니다."

의사가 이어서 말했습니다. "그들에게 만일 이 아이가 살아 있는 동안 보기를 원한다면, 지금 와서 보아야 한다고 말해 주십시오. 그는 오래 살 수 없을 것 같습니다. 한달이나 6주 내에는 죽게 될 것 같아요."

회의가 끝난 후, 아내와 나는 고향에 가서 친척들을 방문하였습니다. 차를 몰고 가는 중에, 나는 그 아이의 아버지를 보게 되었습니다. 그는 그 당시 겨우 37세 밖에 되지 않았지만, 그는 죄 중에 살고 있었고 그의 몸은 질병에 사로잡혀, 그는 마치 늙은이 같이 보였습니다.

그가 우리에게 가까이 왔을 때 아내가 말했습니다. "저기, 그 사람 아니에요?"

나는 그를 보며 말했습니다. "그래요, 그런 것 같아요."

우리는 거기 멈춰서 그 남자가 우리 쪽으로 걸어오는 것을 지켜봤습니다. 우리는 그의 행동으로 보아 그가 잘 보지 못한다는 것을 알 수 있었습니다. 그러나 결국 우리 가까이에 왔을 때, 그는 나를 알아보았습니다. 청사 앞 광장의 번화가에서 그는 부끄러운 줄도 모르고 소리쳤습니다. "켄! 오, 켄!"

그는 나에게 물었습니다. "당신은 내 아들이 어디 있는지 아시나요? 내 아들이 어디 있는지 알아요?"

나는 대답했습니다. "그래요. 나는 그가 어디 있는지 압니다." 그리고 나는 의사가 했던 말을 그에게 했습니다.

그는 환한 대낮에 길거리에서 울며 신음하기 시작했습니다. "오! 오! 내 아들을 위해 내가 할 수 있는 일이 없을까요?"

나는 말했습니다. "없습니다, 없어요. 지금 당신이 할 수 있는 것은 아무 것도 없습니다. 당신은 예전에는 무슨 일을 할 수 있었습니다. 나는 여러 번 당신에게 회개하고 주님과의 관계를 바르게 하라고 말했지만, 당신은 싫다고 했습니다. 주님께 당신의 심령을 드리고 구원 받기를 당신은 계속해서 거절했습니다."

지옥에 대한 이야기입니다! 영원한 고통에 대한 이야기입니다! 그 남자는 계속해서 예수 그리스도를 거부했고, 결국 그의 구원의 문은 닫혔습니다. 그러나 예수 그리스도를 구세주로 받아들일 것을 거부함으로써 그 구원의 문을 닫은 것은 '그 남자 자신'이었습니다.

그에게 무슨 일이 일어났는지 아십니까? 나는 그가 하나님을 저주하면서 죽었다는 것을 들었습니다. 그가 예수님을 거부하였기 때문에, 구원의 문이 그에게 닫혀졌던 것입니다. 기회를 무시하면 후회하게 됩니다. 그리고 그 잃어버린 기회가 구원이라면, 후회는 영원할 것입니다.

## 예수님께서 기회의 문을 닫으십니다

성경은 예수님이 닫으시는 문중의 하나가 기회의 문이라고 가르칩니다. '열 처녀 비유'는 잃어버린 기회에 대한 비유입니다. 이 비유에서 하나님의 왕국은 결혼에 비유됩니다. 열명의 처녀들이 신랑이신 예수님을 만나러 나오고 있습니다.

그런데 이런 소리가 났습니다. "… 보라 신랑이로다 맞으러 나오라…"(마 25:6). 열 명의 처녀들은 모두 같은 기회를 가지고 있었습니다. 그들은 모두 기름을 쓰는 등을 가지고 있었습니다. 열 명 모두 신랑을 맞을 것을 기대하고 기다리고 있었습니다. 그들은 모두 신랑을 맞으러 나오라고 부름 받았습니다.

그러나 성경은 열 명 중 다섯 명만 준비되어 있었다고 말합니다. 그들은 여분의 기름을 가지고 있어, 나가서 신랑을 만날 수 있었습니다. 나머지 다섯 명의 처녀들은 그들의 램프를 밝힐 여분의 기름을 준비하는 수고를 하지 않았습니다. 그래서 신랑이 왔을 때 그를 만날 준비가 되어 있지 않았습니다.

자정에 이런 소리가 났습니다. "보라 신랑이로다." 모든 처녀들이 일어나서 그들의 등을 준비했지만, 어리석은 다섯 처녀들의 등에는 충분한 기름이 없었습니다. 그들은 기름을 사러 갔습니다. 그러나 그들이 돌아왔을 때 문은 닫혀있었습니다.

> 마 25:6-13
> 밤중에 소리가 나되 **보라 신랑이로다** 맞으러 나오라 하매 이에 그 처녀들이 다 일어나 등을 준비할새 미련한 자들이 슬기 있는 자들에게 이르되 우리 등불이 꺼져가니 너희 기름을 좀 나눠 달라 하거늘 슬기 있는 자들이 대답하여 이르되 우리와 너희가 쓰기에 다 부족할까 하노니 차라리 파는 자들에게 가서 너희 쓸 것을 사라 하니 그들이 사러 간 사이에 신랑이 오므로 준비하였던 자들은 함께 혼인 잔치에 들어가고 **문은 닫힌지라** 그 후에 남은 처녀들이 와서 이르되 주여 주여 **우리에게 열어 주소서** 대답하여 이르되 진실로 너희에게 이르노니 내가 너희를 알지 못하노라 하였느니라 그런즉 깨어 있으라 너희는 그날과 그때를 알지 못하느니라

비유는 우리를 가르치는 어떤 중요한 진리 혹은 교훈이 있는 이야기입니다.

어떤 비유이든지, 그 속에서 예수님께서 우리에게 주고자 하는 주요 진리나 생각을 찾으십시오. 그리고 그 위에 어떤 것도 더하거나 세우지 마십시오.

열 처녀 비유의 교훈은 무엇입니까? 예수님께서는 우리들, 즉 교회를 향해, 오는 신랑을 위하여 준비하는 신부와 같이 준비하라고 말씀하고 계신 것입니다. 준비되어 있어야 합니다! 만약 당신이 준비되어 있지 않다면, 준비하십시오. 그렇지 않

으면 기회의 문은 닫힐 것입니다. 이 하나의 주제 외에 다른 어떤 것도 쌓으려고 하지 마십시오.

어떻게 준비합니까? 만약 당신이 거듭나지 못했다면, 구원을 받으십시오. 당신의 심령에 예수님을 받아들이고, 거듭나십시오. 그리고 일단 당신이 구원 받았으면, 준비된 상태를 유지하십시오. 하나님과의 교제 가운데 행하십시오. 하나님의 말씀의 빛 가운데 행하십시오.

준비되었던 다섯 명의 처녀들이 들어가고 문은 닫혔습니다. 그동안, 다른 다섯 명은 기름을 사러 갔지만, 너무 늦었습니다. 문은 이미 닫혔습니다.

이 비유의 주제는 기회의 문은 언젠가 닫히게 된다는 것입니다. 이것은 진리이기 때문에 지금 당신은 죄인들에게 이 말씀을 전파해야 합니다. 그들은 죄악을 저지름으로 그들의 은혜의 날들을 잃어버릴 수 있습니다. 구원 받을 기회의 문은 언젠가 닫힐 것입니다. 구원의 문이 언젠가는 결국 닫히게 되어 있기 때문입니다.

예수님께서 문을 닫으면, 누구도 열 수 없습니다. 그러므로 예수님을 만날 준비를 하십시오. 기회의 문은 항상 열려 있는 것이 아니기 때문입니다.

인생에서도 같은 진리가 있습니다. 기회의 문이 열려있는데 당신이 그 문으로 들어가지 않는다면 결국 그 문은 닫힐 것입니다.

심지어 자연적인 영역에서도 삶에서 기회의 문이 닫힐 때 우리는 들어가지 않은 것을 후회합니다. 그렇지 않습니까? 기회를 무시하면 후회하게 됩니다.

많은 사람들이 삶에서 어떤 기회들을 얻고서도 그 기회를 날려버립니다. 몇몇은 다시는 그런 기회를 만나지 못하고 여생을 후회하며 삽니다.

여러분, 하물며 영적인 기회를 무시한다면 얼마나 더 많이 후회하게 되겠습니까? 단지 이생에서 뿐만 아니라, 영원토록 말입니다.

우리는 성경에서 영적인 기회를 무시한 사람들을 볼 수 있습니다.

예를 들어 신약 시대에 하나님께서는 초대교회에 그의 영을 부어주셨습니다. 그 놀라운 임재의 한 가운데에 아나니아와 삽비라라는 두 사람이 있었습니다. 그들은 하나님의 역사의 중심에 있었습니다. 그러나 그들은 하나님의 역사에서 축출되었습니다. 그들은 그들의 기회를 잃어버렸던 것입니다!

아나니아와 삽비라가 그들의 기회를 놓친 것은 하나님 때문이 아니었습니다. 그들은 죄와 잘못을 행함으로 자신들의 기회를 놓친 것입니다(행 5:1-10). 이 사건은 우리들에게 중요한 진리를 보여줍니다.

당신은 하나님의 크신 역사의 중심에 있으면서도 모든 것을 잃을 수 있습니다. 어떻게 그런 일이 가능할까요? 왜냐하면 죄는 항상 당신이 실패하도록 만들 것이기 때문입니다. 또한 너무나 바쁘게 살면서 하나님과는 충분한 시간을 보내지 않으면 하나님께서 당신 삶에서 하시려는 일들을 놓칠 수 있습니다.

당신의 심령과 생각을 하나님께 열어놓아야 하나님께서 당신을 위해 어떤 계획을 가지고 계신지 알게 됩니다. 당신이 생각을 닫고 영적인 귀를 닫고 있다면, 당신은 하나님께서 당신을 위해 준비한 기회들을 놓칠 수 있습니다. 입은 다물고 귀는 열어 놓아야 하는 것입니다!

성경은 이렇게 말하고 있습니다. "…사람마다 듣기는 속히 하고 말하기는 더디 하며 성내기도 더디 하라"(약 1:19) 그러나 많은 그리스도인들이 이것을 거꾸로 실천하고 있습니다. 그들은 빨리 화내고, 빨리 말하지만, 듣는 데는 느립니다. 그것은 하나님께서 말씀하신 바가 아닙니다. 하나님께서는 듣기는 빨리하고 말하기는 더디 하라고 말씀하셨습니다.

나는 십 대 시절에 말을 덜 할수록 회개할 것이 줄어든다는 것을 깨닫게 되었습니다. 그리고 일찍이 나는 말하는 것보다 듣는 것을 통해 훨씬 많은 것을 배울 수 있다는 것을 알게 되었습니다.

당신의 영적인 귀를 하나님과 그의 말씀에 열어 놓으십시오! 당신의 기회의 문이 닫히지 않도록 하십시오. 하나님께서 당신을 위하여 준비한 모든 것을 향해 들어가십시오!

기회의 문이 열려 있는 동안에는 하나님과 함께 행하십시오. 그리고 만약 당신이 예수님을 만날 준비가 되어있지 않다면 기회의 문이 아직 열려 있는 동안에 당신 자신을 준비시키십시오! 하나님과 친밀한 교제 가운데 동행하십시오.

우리 각 사람에게는 동일하게 열려 있는 기회의 문들이 있습니다. 그래서 우리는 예수님을 만날 준비를 할 수 있는 것입니다! 그러나 준비할 시간이 없는 날이 올 것입니다. 그때는 너무 늦습니다. 기회의 문은 이미 닫히게 될 것입니다.

성경은 언젠가 우리 앞의 기회의 문이 닫힐 것이라고 가르칩니다. 예를 들어, 어떤 사람이 예수님께서 그를 위하여 마련하신 구원을 계속 거부하면 언젠가 그의 등 뒤에서 지옥의 문이 철컥하고 닫히게 될 것입니다. 그 불쌍한 잃어버린 영혼에게는 너무 늦어버린 것입니다.

## 당신의 기회의 문을 놓치지 마십시오

예수님께서는 영원히 기회를 놓친 사람에 대해 자세히 설명해 주셨습니다. 누가복음 16장에서 예수님께서는 너무 늦어버린 한 부자에 대해 말씀하셨습니다. 결국 기회의 문은 그에게 닫혔습니다.

> 눅 16:19-26
> 한 부자가 있어 자색 옷과 고운 베옷을 입고 날마다 호화롭게 즐기더라 그런데 나사로라 이름하는 한 거지가 헌데 투성이로 그의 대문 앞에 버려진 채 그 부자의 상에서 떨어지는 것으로 배불리려 하매 심지어 개들이 와서 그 헌데를 핥더라 이에 그 거지가 죽어 천사들에게 받들려 아브라함의 품에 들어가고 부자도 죽어 장사되매 **그가 음부에서 고통중에 눈을 들어** 멀리 아브라함과 그의 품에 있는 나사로를 보고 불러 이르되 아버지 아브라함이여 나를

긍휼히 여기사 나사로를 보내어 그 손가락 끝에 물을 찍어 내 혀를 서늘하게 하소서 **내가 이 불꽃 가운데서 괴로워하나이다** 아브라함이 이르되 얘 너는 살았을 때에 좋은 것을 받았고 나사로는 고난을 받았으니 이것을 기억하라 이제 **그는 여기서 위로를 받고 너는 괴로움을 받느니라** 그뿐 아니라 너희와 우리 사이에 **큰 구렁텅이가 놓여 있어** 여기서 너희에게 건너가고자 하되 갈 수 없고 거기서 우리에게 건너올 수도 없게 하였느니라

사실 이것은 비유가 아닙니다. 왜냐하면 예수님께서 "한 부자가 있어 자색 옷과 고운 베옷을 입고 날마다 호화롭게 즐기더라 그런데 나사로라 이름하는 한 거지가 헌데 투성이로 그의 대문 앞에 버려진 채"(19, 20절)라고 말씀하셨기 때문입니다. 분명히 예수님께서는 이 말씀을 하실 때 실제 인물을 마음에 두고 계셨습니다.

이 말씀에서 예수님은 지옥의 불을 포함해서 이 부자를 괴롭혔던 지옥의 고통을 묘사하십니다. 그 부자는 이렇게 말했습니다. "…내가 이 불꽃 가운데서 괴로워하나이다." 이 대목에서 우리는 잃어버린 영혼들을 영원히 괴롭히는 지옥의 불이 있다는 것을 알 수 있습니다.

예수님께서는 또한 지옥에 있는 사람들이 도망갈 수 없도록 "큰 구렁텅이가 놓여 있다"고 설명하셨습니다. 지옥은 고통의 장소입니다. 지옥에 있는 사람들은 그 구렁텅이를 넘을 수도 아브라함의 품이나 낙원으로 올 수도 없습니다.

누가 그 구렁텅이를 놓았을까요? 하나님께서 하셨습니다. 하나님께서 문을 닫으신 것입니다. "…여기서 너희에게 건너

가고자 하되 갈 수 없고 거기서 우리에게 건너올 수도 없게 하였느니라."(26절)

다시 말해, 고통의 지옥으로부터 아브라함의 품으로 건너올 수 없도록 하나님께서 문을 닫으셨습니다. 그리고 아브라함의 품, 즉 안위의 장소에 있는 사람들도 지옥으로 건너갈 수 없었습니다.

여러분, 일단 죄인이 예수님을 거부하고 지옥의 문이 이 불쌍한 영혼을 향해 닫히면 그때는 너무 늦습니다. 그것은 당신이 기도로써 그 사람을 지옥에서 낙원으로 끌어 낼 수 없다는 것을 의미합니다. 일단 지옥의 문이 닫히면, 그는 영원히 잃은 바 된 것입니다.

이것만으로도 우리 모두를 영혼을 구하는 자로 만들기에 충분하지 않습니까! 우리가 가야할 천국이 있고 피해야 할 지옥이 있습니다. 우리 모두는 머지않아 이 땅을 떠날 것입니다. 그리고 우리 각자의 영원한 거처를 택하는 것은 우리 자신입니다.

그리고 천국을 택한 우리는 죽어서 가든지 혹은 예수님께서 다시 오실 때에 휴거로서 들림 받을 것입니다(고전 15:52; 살전 4:16).

구원받은 자들은 그리스도와 함께 거할 곳으로 떠날 것입니다. 그러나 그리스도 안에 있지 않은 자들은 고통의 음부로 떨어질 것입니다. 그 선택은 각자에게 달려있습니다.

성경은 말합니다. "…너희가 섬길 자를 오늘 택하라…"(수 24:15). 그러므로 선택은 당신 것입니다.

기회의 문은 스스로 운명을 정하도록 각 사람에게 열려 있습니다. 각 사람은 그가 영원히 거할 곳을 선택할 권세를 가지고 있습니다. 그는 천국이나 지옥을 선택할 수 있는 것입니다.

> 신 30:19
> 내가 오늘 하늘과 땅을 불러 너희에게 증거를 삼노라 내가 생명과 사망과 복과 저주를 네 앞에 두었은즉 너와 네 자손이 살기 위하여 생명을 택하고

하나님께서 말씀하셨습니다. "너는 생명과 사망과 복과 저주 사이에서 선택하여라. '네'가 선택하여라." 만약 어떤 사람이 예수님을 그의 구세주로 받아들이고 구원받기를 거부한다면, 결국은 구원의 문이 영원히 닫힐 날이 올 것입니다.

이 세상의 많은 사람들은 하나님의 것에 대해 경박하고 어리석은 생각들로 가득 차 있습니다. 그들은 성경을 믿는 사람들을 비웃으려고 합니다. 어떤 사람들은 심지어 지옥은 너무 낡고 뒤떨어진 개념이고, 지옥은 존재하지도 않는다고 말합니다. 그러나 주 예수 그리스도께서는 분명히 지옥도, 천국도 실재한다고 가르치셨습니다(마 10:28; 18:3).

우리가 피해야 할 지옥과 가야 할 천국이 있는 것입니다! 오, 그렇습니다. 육신적인 힘과 이 세상의 능력 가운데에서는, 하나님의 일들을 우습게 여기기가 쉽습니다. 경박하고 어리석은 자가 되어 영원한 것들을 심각하게 받아들이지 않기 쉽습니다.

그렇지만 인생의 여행길의 마지막에 도달하였을 때, 당신이 천국의 반대편으로 건너가서 영원히 어두운 지옥에서 하나님 없이 살아야만 한다면 그것은 보통일이 아닙니다.

나는 내가 병상에서 죽어가던 시절을 기억합니다. 그때 한 여자 분이 나의 할머니를 방문하곤 하였습니다. 나는 그 당시 나의 할머니, 할아버지와 함께 살았습니다. 어느 날 오후, 할머니와 다른 여자 분께서 내 방에 오셨습니다. 그 여자 분은 그 당시 한 60세 쯤 되었습니다.

사람들은 그분과 있을 때는 하나님이나 하나님의 말씀과 같은 주제에 대해서 말하지 않았습니다. 왜냐하면 그분은 그러한 것들에 반대했기 때문입니다. 사실 그녀는 하나님의 일에 너무나 맹렬하게 반대해서, 하나님이나 성경이나 교회라는 말만 해도 버럭 화를 내곤 했습니다. 그날은 어찌된 일인지 대화가 하나님의 일에 관한 것으로 흘러갔습니다. 나는 아무 말도 하지 않았습니다. 왜냐하면 그녀가 일장 연설하는 것을 듣고 싶지 않았기 때문입니다. 하나님에 대해 이야기하면, 그녀는 호통을 치며 정신없이 열변을 토하곤 했습니다.

그러나 우리는 어쩌다보니 성경의 주제를 건드렸고, 그녀는 호통을 치기 시작했습니다.

"성경에는 아무 것도 없어요! 그건 사람들이 만든 사기일 뿐이라고요. 장담하는데, 모든 교회를 폭파시키고 목사들을 죽여 버리면 이 미국은 훨씬 더 살기 좋은 곳이 될 거에요. 목사들은 돈 때문에 그런 일을 하는 겁니다. 그 사람들은 엄청난 이야기를 꾸며댑니다. 사람들을 겁주고 돈을 뜯어내기 위해서 지옥이 있다고 지어내고 말이죠!"

그 여자는 폭언을 하며 떠들어댔습니다. "사람이 죽으면 개가 죽는 거랑 마찬가지에요, 그렇게 그냥 끝나는 거라고요!"

내 몸이 약하므로 이런 유의 어조는 나에게 해가 될 수 있다는 것을 아셨기 때문에, 어머니께서는 대화 주제를 바꾸셨습니다. 그 여자 분은 평소에는 괜찮았습니다. 단지 이 주제에 대해서만 화를 내고 소리를 질렀습니다.

12년 후, 나와 내 아내는 복음 전도자 사역을 하고 있었습니다. 제 2차 세계 대전 기간 중에, 우리는 친척들을 방문하기 위해 고향에 들렀습니다.

어머니께서 내게 이렇게 말했습니다. "아들아, 가서 그 여자를 만나 보거라. 그녀는 곧 숨을 거두려고 하는 중이니 가서 문안을 하도록 해라." 그래서 나는 가기로 했습니다.

곧 나와 아내는 그 여자 분이 사는 도시로 갔습니다. 벨을 누르니, 그 여자 분의 딸이 나왔습니다. 그 딸을 본 지 상당히 오래 되었음에도, 나는 바로 알아볼 수 있었습니다.

내가 누군지 말하자, 그녀는 대답했습니다. "그래요, 당신은 릴리의 아들이지요. 목사가 되었다고요."

내가 말했습니다. "그렇습니다. 내가 그 사람입니다." 그리고 나는 나의 아내를 그 딸에게 소개했습니다.

그 딸은 우리와 악수를 하고 이렇게 말했습니다. "켄, 우리 엄마는 상태가 좋지 않아요. 의사가 방금 왔다가 갔어요. 지금

혼수상태인데, 의사 말로는 다시는 의식을 찾지 못할 거랍니다. 우리 엄마는 돌아가실 거래요.

당신은 우리 엄마가 교회나 하나님이나 성경에 대해서 어떻게 생각하고 있었는지 아시지요. 하지만 돌아가시기 전에 엄마에게 무슨 말을 좀 해주세요."

나는 그 여자 분에게 말을 걸어보기로 했고, 그 딸은 거실을 지나 그 여자 분이 혼수상태로 누워있는 침실로 나와 아내를 안내했습니다.

침실로 들어가면서 72세 정도 된 그 여자 분을 보았습니다. 그녀의 입은 열려 있었고, 죽어가는 눈은 부릅뜨고 있었으며 눈빛은 흐릿했습니다. 그 여자의 목에서는 임종이 가까워 가르릉 대는 소리를 들을 수 있었습니다.

그 딸이 말했습니다. "엄마!" 대답은 없었습니다. 그저 힘에 부친 숨소리와 목에서 가르릉 대는 소리뿐이었습니다. 딸은 더 크게 불렀습니다. "엄마!" 역시 대답은 없었습니다. 그 눈은 깜빡이지도 않았고, 입도 전혀 움직이지 않았습니다. 죽어가는 자의 가르릉 대는 소리만 목에서 그치지 않았습니다.

그 딸은 다시 더 크게 불렀습니다. "엄마!" 그리고 딸은 엄마를 흔들어 무슨 반응이라도 보려고 했습니다. 눈은 전혀 움직이지 않았습니다. 그런데 그녀 속의 깊은 곳에서, 목구멍의 깊은 곳으로부터 어떤 소리가 나왔습니다. "응."

딸이 말했습니다. "엄마 나를 알아보겠어요?"

"그래, 내 아기. 내 딸아." 이 딸은 그 여자에게 유일하게 살아있는 자녀였습니다.

딸이 말했습니다. "엄마, 릴리와 그의 아들 켄을 기억하세요? 아파서 침대에만 있었잖아요. 그가 지금은 목사가 되었어요."

딸이 그렇게 말하자, 그 늙은 여인은 갑자기 정신이 들었습니다. 그 여자의 눈은 전혀 변하지 않았습니다. 여전히 눈을 부릅뜨고 있었지만 두 눈은 마치 구슬같이 고정되어 있었습니다. 그것들은 전혀 움직이지 않았습니다. 그런데 갑자기, 그 여자가 벌떡 일어나 말했습니다. "켄! 켄! 켄! 어디 있니?" 그 여자는 볼 수 없었던 것입니다. "네 손을 나에게 다오!"

내가 그 여자 분의 손을 잡자, 그녀는 말했습니다. "오, 켄! 네가 목사가 되었구나. 지옥이 없다고 나에게 말해주려무나! 내가 죽으면 개와 같이 그냥 죽으면 그만이라고 말해주려무나. 오, 여기는 너무나 어둡고, 나는 죽는 게 두려워. 죽는 게 두려워! 나는 죽는 것이 너무 무섭다." 그리고 내가 미처 어떤 말을 하기도 전에, 그 여자는 베개에 쓰러져서 하나님 없이 죽었습니다.

거의 50년이라는 많은 세월이 지난 지금도 우리는 일상을 살고 있지만 그녀는 어둡고 저주받은 곳에서 빛을 달라고 하나님께 울부짖고 있습니다.

오늘도 우리는 목마르면 시원한 물 한잔으로 목을 축이지만, 그 많은 세월 동안 그 여자는 내내 소리치고 있습니다. "물! 물!"

어떤 사람들은 지옥에 정말 불이 있는지에 대해 토론하고 언쟁합니다. 그들은 말합니다. "나는 지옥의 불과 영원한 형벌에 대하여 도무지 확신을 가질 수가 없습니다."

그렇지만 나는 정말로 지옥에 불과 영원한 고통이 있다고 믿습니다. 왜냐하면 성경이 그렇게 말하고 있기 때문입니다(계 20:14). 예수님께서도 영원한 지옥의 불에 대하여 말씀하셨습니다(마 5:22; 13:42; 막 9:43-47).

그리고 우리가 방금 읽은 누가복음 16장 24절의 부자와 나사로 이야기에서, 예수님께서는 지옥에 불이 있다고 말씀하셨습니다. 예수님께서는 부자가 이렇게 말했다고 하셨습니다. "…내가 이 불꽃 가운데서 괴로워하나이다"

그러나 다른 면에서 보면, 지옥에 불이 정말 있느냐 없느냐 하는 것은 중요한 것이 아닙니다. 천국을 잃고 그곳에 거해야만 하는 사실을 영원히 후회하며 보낼 만큼, 지옥에는 충분한 고통이 있습니다.

하나님과 영원히 분리되는 고통과 천국에 가는 기회를 잃어버렸다는 것에 대한 후회는 충분한 처벌이 될 것입니다.

어쩌면 지금 이것을 읽는 사람 중에 구원을 받지 못한 사람이 있을지 모릅니다. 나의 친구여, 만일 당신이 구원을 받지 못했다면 그리고 만일 당신이 예수님을 영접하지 않는다면 당신은 잃은바 된 것입니다. 그리고 영원토록 당신은 당신의 심령을 주님께 드리지 않은 것을 후회하며 울부짖게 될 것입니다.

성경은 지옥에서 슬피 울며 통곡하고 이를 가는 일이 있을 것이라고 말합니다(마 25:30). 예수님께서 구원하려 했지만 그를 따르지 않은 영혼들은 영원히 고통 받게 될 것입니다.

만약 당신이 예수 그리스도께서 당신을 위하여 마련하신 구원의 문으로 한 번도 들어가 보지 않았다면, 예수님께서 값없이 주시는 구원을 당신이 받아들이기를 기도합니다.

만약 당신이 한 번도 거듭 나지 않았었다면, 당신도 새로운 탄생을 경험할 수 있습니다. 당신은 주 예수 그리스도를 개인적으로 알아야 합니다. 왜냐하면 우리가 가야 할 천당이 있고 피해야 할 지옥이 있기 때문입니다!

그리고 만일 당신이 한 때는 아버지의 집에 있었지만 나가서 죄를 짓고 나쁜 짓을 한 탕자와 같은 사람이라면, 당신은 다시 집으로 돌아올 수 있습니다. 당신은 하나님과의 교제를 회복할 수 있습니다. 당신은 이렇게 말할 수 있습니다. "아버지, 내가 당신에게 죄를 지었습니다. 저를 용서해 주십시오" (눅 15:11-32).

주 예수 그리스도께서 당신을 위하여 준비하신 구원의 문으로 들어오십시오. 당신은 하나님께서 당신을 위하여 구원 속에 준비한 모든 것 – 치유, 건강, 구속, 건전함, 온전함을 모두 경험할 수 있습니다!

제 3 장
# 예수님께서 심령(heart)의 문을 여십니다

주님께서는 우리를 위하여 또 다른 문을 여십니다. 그것은 심령(heart)의 문입니다. 우리는 사도행전 16장에서 그 예를 볼 수 있습니다. 아시다시피, 바울과 그의 일행은 비두니아로 들어가려고 했습니다. 그러나 성경은 성령님께서 그것을 허락하지 않았다고 말하고 있습니다(행 16:7).

그리고 나서, 밤에 환상이 보이고 한 사람이 바울 앞에 서서 말했습니다. "…마게도냐로 건너와서 우리를 도우라…"(행 16:9). 그리하여 제자들은 하나님께서 그들을 마게도냐로 인도하신다고 믿게 되었습니다.

그 당시에는 복음이 우리가 지금 소아시아라고 부르는 곳 주변에서만 전파되었습니다. 아시아 전 지역과 유럽에는 복음이 전파되지 않고 있었습니다.

바울과 그 일행은 유럽 대륙으로 들어가 마게도냐의 빌립보로 갔습니다. 그곳에서 안식일에 사도들은 강가에서 기도회를 하고 있던 사람들을 보았습니다. 성경은 주님께서 그 중 한 여인의 심령을 열어 복음을 받아들이게 했다고 말하고 있습니다.

## 말씀은 사람의 심령을 엽니다

우리는 이 단락에서 하나님께서 어떻게 사람의 심령을 열고 그의 말씀을 받도록 하시는지에 대해 알 수 있습니다.

> 행 16:13,14
> 안식일에 우리가 기도할 곳이 있을까 하여 문 밖 강가에 나가 거기 앉아서 모인 여자들에게 말하는데 두아디라 시에 있는 자색 옷감 장사로서 하나님을 섬기는 루디아라 하는 **한 여자**가 말을 듣고 있을 때 **주께서 그 마음(heart)을 열어** 바울의 말을 따르게 하신지라

다음 구절에 주목하시기 바랍니다. "…한 여자가 …주께서 그 마음(heart)을 열어…" 하나님께서 어떻게 사람들의 심령을 여십니까?

하나님께서는 그의 말씀으로 사람의 심령을 여십니다. 말씀이 전파될 때 사람들이 귀 기울여 듣고 그것을 받아들인다면, 말씀은 그들의 심령을 열게 될 것입니다. 그러나 사람들이 말씀의 진리를 거부한다면, 말씀은 그들의 심령 안에서 자유롭게 역사할 수 없습니다.

그리고 사람들이 계속해서 구원에 대한 말씀의 진리를 거부하면, 그들은 죽어서 영원한 어둠으로 들어가게 될 것입니다.

> 막 16:15,16
> 또 이르시되 너희는 온 천하에 다니며 만민에게 복음을 전파하라 믿고 세례를 받는 사람은 구원을 얻을 것이요 믿지 않는 사람은 정죄를 받으리라

바울은 이 구절대로 했습니다. 그는 그들이 복음의 진리를 '믿을' 수 있도록 강가의 사람들에게 하나님의 말씀을 '전파' 하였습니다. 그날 들은 사람들에게는 바울이 전파하는 말씀을 받거나 거부할 선택권이 있었습니다.

아마도 그날 루디아와 함께 강가에 모였던 사람들 중에는 말씀을 향하여 그들의 생각과 심령을 열지 않은 사람도 있었을 것입니다. 성경에서 언급하지 않았기 때문에 정확히 알 수는 없지만 말입니다.

그곳에 몇 명이 왔는지는 모르지만, 어쨌든 루디아는 하나님의 말씀이 그의 심령에 들어오도록 허락하기를 선택했습니다. 들은 것에 대해 열린 '생각(mind)'을 가졌기 때문에, 루디아의 심령은 열렸습니다.

우리는 모두 우리 자신의 의지가 있습니다. 우리는 우리의 심령의 문을 열 것인지 닫을 것인지 선택할 수 있습니다.

그러므로, 어떤 면에서 생각은 심령으로 들어가는 문입니다. 이것은 성경이 말하는 것과 정확히 일치합니다. 당신의 생각이 하나님의 말씀의 진리에 대하여 열려 있지 않으면, 당신의 심령도 그것을 받아들일 수 없습니다.

고후 4:4
그 중에 이 세상의 신이 **믿지 아니하는 자들의 마음(minds)을 혼미하게** 하여 그리스도의 영광의 복음의 광채가 비치지 못하게 함이니 그리스도는 하나님의 형상이니라

고후 3:14,15
그러나 **그들의 마음(minds)이 완고하여** 오늘까지도 구약을 읽을 때에 그 수건이 벗겨지지 아니하고 있으니 그 수건은 그리스도 안에서 없어질 것이라 오늘까지 모세의 글을 읽을 때에 수건이 그 **마음(heart)**을 덮었도다

보다시피, 성경은 사람의 생각(mind)과 심령(heart) 사이의 관계를 말하고 있습니다. 어떤 사람의 생각이 닫혀 있는데, 그가 심령으로 하나님의 말씀의 진리를 믿는 것은 어려운 일입니다.

그러므로 한편으로는 말씀이 루디아의 심령의 문을 연 것이지만, 다른 한편으로는 루디아가 전파된 말씀을 받아들인 것입니다. 루디아의 생각과 심령이 전파된 말씀을 향해 열려있어야만 했습니다. 그리고 그녀가 자신의 의지에 의하여 주 예수 그리스도를 심령에 영접해야만 했습니다.

예수님께서는 자신이 사람의 심령의 문 앞에 서 있다고 선포하셨습니다. 그는 말씀하셨습니다. "볼지어다 **내가 문 밖에 서서 두드리노니** 누구든지 **내 음성을 듣고 문을 열면** 내가 그에게로 들어가 그와 더불어 먹고 그는 나와 더불어 먹으리라"(계 3:20).

각 사람의 심령의 문 밖에 서서 문을 두드리는 것은 예수님의 책임입니다. 예수님께서는 항상 사람의 심령을 열기 위해 그 자신의 책임을 다하십니다. 그분은 심령의 문 밖에 서서 두드리고 계십니다. 그러면 그 사람은 그것에 응하여

예수님과 그분의 말씀에 문을 열어야만 합니다.

그러므로 하나님의 말씀이 혼자서 사람의 심령을 여는 것이 아닙니다. 그 말씀에 따름으로써 사람도 함께 동역하는 것입니다.

예수님께서는 사람의 심령의 문 밖에서 서 계시지만, 그 사람에게는 예수님께서 하시는 말씀을 들으려는 열린 '생각(mind)'이 있어야 합니다.

예수님께 응답하고 심령의 문을 열어 그분을 모실 것인지 말 것인지는 각 사람에게 달린 것입니다. 만약 사람이 예수님께 응답하면, 예수께서는 들어와 그 심령 안에 사시고 말씀을 밝히 보여주실 것입니다.

바로 그것이 이 여인, 루디아에게 일어난 일이었습니다. 하나님께서는 그녀 혼자 이끌어내어 "내가 이 여인의 심령의 문을 열고 다른 사람들의 심령의 문은 닫을 것이다"라고 말씀하시지 않으셨습니다.

바울이 말씀을 전파하는 동안, 예수님께서는 루디아의 심령의 문 밖에 서서 두드리셨습니다. 그러나 그때 루디아도 무엇인가를 했습니다! 그녀는 말씀의 진리를 받아들였던 것입니다.

만약 그날 그곳에 복음의 진리를 받아들이지 않은 사람들이 있었다면, 그들은 복음에 대하여 그들의 '생각'을 닫음으로써 그들 심령도 닫았던 것입니다. 그들은 말씀을 듣지도 받지도 않기를 선택했습니다.

그러나 하나님께서는 루디아의 심령은 여실 수 있었습니다. 왜냐하면, 그녀의 생각이 바울이 전파하는 진리에 대하여 열려 있었고, 그녀가 그 말씀에 따랐기 때문입니다.

그러므로 사람들의 심령에 하나님의 말씀이 들어갈 입구가 있어야만, 그들은 구원을 받고 도움을 받을 수 있습니다.

## 하나님께서는 열린 심령에 응답하십니다

여기에 또 매우 흥미로운 측면이 있습니다. 어떤 사람들은 여자가 복음 전하는 사역을 하는 것을 반대합니다. 남자가 모든 사역을 하고 여자는 뒤로 물러나 가만히 있어야 한다고 생각하는 것입니다.

그러나 유럽 대륙에서 주님께서 심령을 여신 첫 번째 사람이 여성인 루디아라는 것을 생각해 보신 적이 있습니까? 그리고 성경은 루디아가 구원을 받은 후에, 사도들이 루디아와 그 가정과 교제를 가졌다고 말하고 있습니다.

> 행 16:15
> 그와 그 집이 다 세례를 받고 우리에게 청하여 이르되 만일 나를 주 믿는 자로 알거든 내 집에 들어와 유하라 하고 강권하여 머물게 하니라

그리고 물론 빌립보에서 일어났던 구원 때문에 그 도시에 교회가 세워졌습니다. 그리고 다른 사람들 또한 복음의 진리

에 그들의 심령을 열었습니다. 실제로 우리는 바울이 그 지역의 교회에게 쓴 빌립보서라는 서신서를 볼 수 있습니다.

또한, 예수님께서는 한 여인으로 하여금 그의 부활을 말한 첫 사람이 되게 하셨습니다. 하나님께서는 마리아에게 천사를 보내어 이렇게 말씀하셨습니다. "…빨리 가서 그의 제자들에게 이르되 그가 죽은 자 가운데서 살아나셨고…"(마 28:7). 그래서 마리아는 예수님의 부활의 기쁜 소식을 제자들에게 처음 전파한 사람이 되었습니다.

귀하고 거룩한 하나님의 말씀에 대해 열려 있고 그것을 받아들이는 심령들로 인하여 하나님께 감사드립니다. 하나님의 말씀에 심령이 열려있는 이 여자들로 인하여 하나님께 감사드립니다! 복음의 진리에 심령이 열려 있다면 하나님께서는 누구든지 사용하실 것입니다.

왜 루디아의 심령은 열려 있었고 다른 사람의 심령들은 열려 있지 않았을까요? 누군가 했던 말과 같습니다. "같은 태양이 밀랍은 녹이고 진흙은 굳게 한다."

바꿔 말해, 동일한 복음이 누군가의 심령은 열고 누군가의 심령은 닫을 것입니다. 왜냐하면 그들은 그들이 듣는 진리를 받아들이는 것을 거부하기 때문입니다. 밀랍이 녹고 진흙이 굳는 것이 태양의 탓이 아닌 것처럼, 어떤 사람들이 들은 진리에 대하여 생각과 심령을 계속 닫고 있는 것이 하나님의 탓은 아닙니다.

사람의 심령을 여는 것은 전부 하나님의 책임입니까? 아닙니다. 요한계시록 3장 20절에서 정확히 말하고 있습니다. 예수님께서 모든 사람의 심령의 문 밖에 서서 문을 두드리십니다. 성경은 이렇게 말합니다. "…원하는 자는 값없이 생명수를 받으라…"(계 22:17).

각 사람은 예수님을 영접하는 일에 대하여 스스로 결정해야만 합니다. 우선, 각 사람은 하나님의 음성을 '들어야'만 합니다(계 3:20). 그 다음, 그는 들은 진리에 대하여 그의 생각을 '열어야' 하는 것입니다. 마지막으로, 그는 그의 심령을 열어 진리에 '응답'하고 진리를 '따라'야 하는 것입니다.

어떤 사람들은 하나님께서 누군가는 구원을 받고, 누군가는 받지 못하도록 미리 예정하셨다고 말합니다. 그들은 특정한 성경 구절을 문맥과 상관없이 해석하고 그 구절 위에 이론을 세우려고 합니다.

예를 들어, 사람들은 출애굽기 7장 3절에서 하나님께서 "내가 바로의 마음(heart)을 완악하게 할 것이다"라고 말씀하신 것을 읽고, 이것에 대해 주님을 고소합니다. 그들은 바로가 주님께 순종하는 것은 아예 불가능했다며, 바로의 완악한 심령에 대해 주님께 탓을 돌리는 것입니다.

그러나 이 한 구절을 문맥과 상관없이 뽑아내어서, 사람들의 구원에 대한 모든 책임을 하나님께 돌리는 이론을 세워서는 안 됩니다. 이 구절이 문맥에서 혼자 떨어져 나오면, 그것은 하나님께서 모든 사람이 구원에 이르기를 원한다는 다른 구절과 맞지 않게 됩니다.

벧후 3:9
주의 약속은 어떤 이들이 더디다고 생각하는 것 같이 더딘 것이 아니라 오직 주께서는 너희를 대하여 오래 참으사 **아무도 멸망하지 아니하고 다 회개하기에 이르기를 원하시느니라**

출애굽기 7장 3절의 "내가 바로의 마음(heart)을 완악하게 할 것이다"라는 말을 문맥과 상관없이 문자 그대로 해석하면 이는 성경의 다른 가르침들과 일치하지 않게 됩니다.

당신은 하나님께서 바로의 심령을 완악하게 하셨다고 확실하게 주장할 수 없습니다. 다시 말해, 사람이 하나님을 향해 그 심령을 열고 닫는 것에 대한 책임이 오직 '하나님'께만 있다고 할 수는 없는 것입니다.

그것은 하나님께서 그분의 뜻으로, 바로가 순종할 수 없도록 그 심령을 완악하게 만드셨다고 말하는 것과 같습니다! 그러나 그것은 우리가 성경 전체를 통하여 볼 수 있는 공정하시고 사랑하시는 하나님의 모습이 아닙니다!

그렇습니다. 하나님께서는 모든 사람에게 선택권을 주신 것과 같이, 바로에게도 순종의 선택권을 주셨습니다. 바로는 하나님의 뜻을 행하기로 선택할 수 있었습니다. 그러나 **바로의 성품이 그의 선택을 이끈 것입니다.** 다시 말해, 가장 먼저 바로가 그 자신의 심령을 완악하게 하기로 선택한 것입니다. 그리고 성경은 특별히 여러 군데에서 바로 자신이 그의 심령을 완악하게 했다고 말하고 있습니다(출 8:15,32 ;9:34 ;7:22 ;8:19 ;13:15).

"같은 태양이 밀랍은 녹이고 진흙은 굳게 한다"는 말을 다시 생각해 봅시다. 하나님께서는 모든 사람에게 그의 사랑과 자비를 베푸십니다.

그러나 똑같은 복음, 똑같은 진리, 똑같은 하나님의 사랑과 자비의 빛이 열려 있는 심령은 녹이고 복음을 받아들이게 하는 반면, 어떤 사람들의 심령은 굳게 합니다.

태양을 탓하겠습니까? 하나님의 사랑을 탓하겠습니까? 하나님을 탓하겠습니까? 아닙니다. 각 개인의 책임입니다. 우리는 하나님을 선택할 수 있습니다. 그렇기 때문에 하나님께 대하여 항상 열린 태도를 가져야 합니다. 사람들은 하나님께서 뜻을 행하시도록 그들의 생각과 심령을 열어야만 합니다.

## 하나님의 말씀을 경청하십시오

하나님의 말씀이 심령에 들어올 수 있도록 하기 위해서는 어떻게 해야 할까요? 사도행전 16장 14절을 다시 읽어봅시다. 하나님께서 루디아의 심령에 들어올 수 있었던 이유는 여기에 있습니다. "…바울의 말을 **청종하게**(attended) 하신지라".

성경에서 루디아가 바울의 말을 청종했다고 하는 것은 무슨 뜻일까요? "청종하다"라는 단어의 의미는 '경청하다', '귀담아 듣다', '주의를 기울이다' 입니다.

그날 그 강가에는 바울의 말을 들은 다른 많은 사람들이 있었을 것입니다. 그러나 그들 모두가 꼭 바울의 말을 경청한 것은 아닙니다.

루디아는 바울과 실라가 전하는 말씀을 경청했을 뿐 아니라, 그것을 열린 생각과 심령으로 들었습니다. 그리고 그녀는 들은 것에 주의를 기울였습니다.

그렇다면, 오늘날 우리는 '경청하다(attend)' 라는 말을 어떻게 사용하고 있습니까? 당신이 길을 걷고 있는데, 한 친구가 당신을 보았다고 가정해 봅시다. 그 사람이 당신을 불렀습니다. "야, 잠깐만 기다려! 너한테 할 말 있어."

그러나 당신은 중요한 약속이 있기 때문에, 이렇게 대답합니다. "미안해, 나 지금 너랑 얘기 못 해. 나는 꼭 해야 할 (attend) 일이 있어." 그것은 당신에게 먼저 해야 할 더 중요한 일이 있다는 뜻입니다.

그러므로, 성경에서 루디아가 바울의 말을 '청종했다 (attended)' 는 것은, 한마디로 모든 것을 제쳐두고 바울이 말하는 것에 모든 주의를 집중했다는 뜻입니다. 루디아는 바울이 말하는 것을 '들었습니다'. 그것은 단지 머리로만이 아니라, 그 심령으로 들은 것입니다. 그리고 루디아는 자신이 들은 것에 주의를 기울였습니다.

사람들이 복음과 선포되는 말씀에 주의를 기울이기만 한다면, 하나님께서는 그들의 심령에 들어가실 수 있다고 나는 확신합니다. 이것이 하나님께서 심령의 문을 여는 방식입니다. 그것은 복음과 선포되는 말씀을 통해서 이루어집니다. 그리고 사람들이 내어드리기만 하면, 하나님께서는 모든 사람의 심령의 문을 여실 것입니다.

## 하나님께서는 심령의 눈을 열어 말씀을 이해하게 하십니다

사람들은 자주 이렇게 말합니다. "나는 말씀을 이해할 수가 없어요." 그러나 하나님께서는 사람들이 하나님의 말씀을 이해할 수 있도록 사람들의 심령의 문을 여십니다.

부활 후에 일어난 일을 살펴봅시다. 막달라 마리아와 요안나 그리고 예수를 섬기던 다른 여인들이 첫 부활절 아침에 무덤으로 왔습니다.

그들은 빈 무덤을 보았고, 두 천사가 그들에게 말했습니다. "여기 계시지 않고 살아나셨느니라…"(눅 24:6). 그래서 그 여인들은 제자들에게 기쁜 소식을 전하러 갔습니다.

> 눅 24:9-11
> 무덤에서 돌아가 이 모든 것을 열한 사도와 다른 모든 이에게 알리니 (이 여자들은 막달라 마리아와 요안나와 야고보의 모친 마리아라 또 그들과 함께 한 다른 여자들도 **이것을 사도들에게 알리니라**) 사도들은 그들의 말이 허탄한 듯이 들려 믿지 아니하나

제자들은 예수님께서 살아나셨다는 여인들의 보고를 믿지 않았습니다. 그들의 말은 제자들에게 "허탄한 듯" 들렸습니

다. 왜냐하면 그들의 심령의 눈이 열리지 않아서, 혹은 심령이 하나님의 말씀으로 밝혀지지 않아서 입니다. 하나님께서는 그들이 지금 막 일어난 사건을 파악할 수 있도록 그들의 이해(understanding)를 열어야만 했습니다.

많은 사람들에게 있어서 성경은 봉인된 책입니다. 그래서 심지어 그리스도인들도 이렇게 말합니다. "나는 성경을 이해할 수가 없어요."

우리는 동일한 예를 성경에서 찾을 수 있습니다. 예수께서 말씀의 진리로 그들의 이해의 눈을 여시기 전에는 두 제자도 그랬습니다.

이들은 첫 부활절 날에 엠마오로 가는 길을 걷고 있었습니다. 그런데 갑자기 모르는 사람이 와서 동행하게 되었습니다.

그 사람은 그들에게 무슨 이야기를 하고 있느냐고 물어보았습니다. 그들은 대답했습니다. "당신은 예루살렘에 처음인가 보군요. 무슨 일들이 일어났는지 모르십니까?"

눅 24:13-21,25-27,30-32
그날에 그들 중 둘이 예루살렘에서 이십오 리 되는 엠마오라 하는 마을로 가면서 이 모든 된 일을 서로 이야기하더라 그들이 서로 이야기하며 문의할 때에 예수께서 가까이 이르러 그들과 동행하시나 **그들의 눈이 가리어져서** 그인 줄 **알아보지 못하거늘** 예수께서 이르시되 너희가 길 가면서 서로 주고받고 하는 이야기가 무엇이냐 하시니 두 사람이 슬픈 빛을 띠고 머물러 서더라 그 한 사람인 글로바라 하는 자가 대답하여 이르되 당신이 예루살렘에 체류하면서도 요즘 거기서 된 일을 혼자만 알지 못하느냐 이르시되 무슨 일이냐 이르되 나사렛 예수의 일이니 그는 하나님과 모든 백성 앞에서 말과 일에 능하신 선지자이거늘 우리 대제사장들과 관리들이 사형 판결에 넘겨주어 십자가에 못 박았느니라 우리는 이 사람이 이스라엘을 속량할 자라고 바랐노라 이뿐 아니라 이 일이 일어난 지가 사흘째요 …
이르시되 미련하고 선지자들이 말한 모든 것을 **마음(heart)에 더디 믿는 자들이여** 그리스도가 이런 고난을 받고 자기의 영광에 들어가야 할 것이 아니냐 하시고 이에 모세와 모든 선지자의 글로 시작하여 **모든 성경에 쓴 바 자기에 관한 것을 자세히 설명하시니라** …
그들과 함께 음식 잡수실 때에 떡을 가지사 축사하시고 떼어 그들에게 주시니 **그들의 눈이 밝아져 그인 줄 알아 보더니** 예수는 그들에게 보이지 아니하시는지라 그들이 서로 말하되 길에서 우리에게 말씀하시고 **우리에게 성경을 풀어 주실 때에 우리 속에서 마음(heart)이 뜨겁지 아니하더냐** 하고

　예수님께서는 제자들이 "마음(heart)이 더디"었기 때문에 그들의 눈이 "가리어져서", 혹은 영적으로 닫혀 있어서 예수님을 알아보지 못했다고 하셨습니다. 그렇다면, 예수님께서는 어떻게 그들의 영적인 눈을 여시고 심령을 밝히셨습니까?
　그들에게 하나님의 말씀을 보여주셨습니다! 예수님께서는 말씀의 진리를 열어서, 제자들로 하여금 성서 속의 예수님을 볼 수 있게 하셨습니다. 27절은 말합니다. "이에 모세와 모든 선지자의 글로 시작하여 모든 성경에 쓴 바 자기에 관한 것을 자세히 설명하시니라." 이 두 제자가 말씀을 이해할 수 있도록 예수님께서는 성경을 열어보여야 하셨던 것입니다.

살아있는 말씀이신 예수님께서 기록된 말씀을 그들에게 열어서 보여주셨습니다.

두 제자는 말씀을 받아들였고, 그리하여 말씀은 그들의 심령으로 들어갔습니다. 그들이 말씀을 받아들이고 나니, "그들의 눈이 밝아져" 그인 줄 알아 보았습니다. 말씀이 그들의 눈을 열어 그들이 예수님을 알아본 것입니다!

하나님의 말씀의 진리를 그들이 이해하기 위해서는, 그들의 이해의 눈이 열어져야만 했습니다. 성경은 그들의 심령의 눈이 열렸을 때, 그때서야 그들이 예수님을 알아보았다고 말하고 있습니다(31절).

시편 기자는 이렇게 말했습니다. "내 눈을 열어서 주의 율법에서 놀라운 것을 보게 하소서"(시 119:18). 이 구절은 다음과 같이 바꿔 말할 수 있을 것입니다. "나의 눈을 열어서 당신의 '말씀'의 놀라운 진리를 볼 수 있게 하소서."

시편 기자는 하나님께 그의 육체적인 눈을 열어달라고 한 것이 아닙니다. 그는 그의 영적인 눈에 대하여 말하고 있었던 것입니다. 그리고 예수님께서는 오늘날에도 우리에게 같은 일을 하십니다. 그는 우리의 심령의 눈을 여셔서 하나님의 말씀 가운데서 놀라운 진리를 볼 수 있도록 하십니다!

여러분, 이 놀라운 책, 성경이 당신에게 열리기 위해서 당신은 주님과 함께 동행해야 합니다. 이것이 몇몇 그리스도인들에게 성경이 닫힌 책으로 남아있는 이유입니다. 그들은 예수님과의 친밀한 교제 가운데 행하지 않습니다. 그들은 예수님과 멀리 떨어져서 따라가고 있을 뿐입니다.

당신이 예수님을 멀리서 따라가기만 한다면, 당신도 엠마오로 가던 제자들과 같이 "마음(heart)이 더딜" 수 있습니다.

그러나 믿는 자들이 주님과 친밀하게 동행하며 그들의 영적인 눈을 열어달라고 구하면, 그들은 전에는 전혀 보지 못했던 진리를 말씀 안에서 볼 수 있게 됩니다.

당신이 예수님과 가까워지고 그분을 개인적으로 알게 되면, 성경은 당신에게 다르게 다가올 것입니다. 내가 거듭 났을 때, 나에게 성경은 살아있는 것으로 다가왔습니다. 나는 교회에서 자라났고, 거듭나기 전에도 나는 내가 예수님을 안다고 생각했었습니다.

오, 나는 다른 사람들처럼 교회에 등록을 했었습니다. 심지어 나는 물로 침례도 받았습니다. 그러나 나는 '마른' 죄인으로 들어갔다가 물에 '젖은' 죄인으로 올라왔던 것뿐입니다! 성경은 나에게 닫힌 책이었습니다. 나는 그것을 이해할 수 없었습니다. 나의 이해의 눈은 밝혀지지도 열려지지도 않았던 것입니다.

정말이지 나는 성경은 성도들이 이해할 수 있는 것이 아니라고 생각했습니다. 목사님 말고는 누구도 성경을 이해할 수 없다고 생각했습니다. 그러던 내가 1933년 4월 22일 7시 40분에, 텍사스주 맥킨니시 북컬리지가 405번지의 남향 침실에서 거듭나게 되었습니다.

거듭나고 난 후에는, 그저 성경을 쥐고 바라보는 것만으로도 은혜가 되었습니다. 단지 한 시간 동안 말씀, 즉 "거룩한 성경"을 읽는 것만으로도 엄청난 복을 받는 것 같았습니다. 그냥 성경을 보기만 해도, 겉표지마저 달라보였습니다. 왜냐하면 나의 심령이 하나님의 말씀의 진리를 향해 열려있었기 때문입니다.

그리고 나서 속 내용을 펼치면, 목차만 읽어도 은혜를 받았습니다. 왜냐고요? 나는 그 책을 지은 분과 알게 되었기 때문입니다!

하나님을 영원히 찬양합니다. 그는 살아있는 말씀이십니다! 그리고 내가 예수님과 알게 되었을 때, 그는 나의 이해의 눈을 열어주셨습니다!

기록된 말씀은 우리에게 살아있는 말씀이신 예수 그리스도를 밝히고, 나타내고, 계시하기 위하여 주어진 것입니다.

그리고 우리가 신실한 심령으로 예수님과 그의 말씀 가운데 교제할 때, 살아있는 말씀이신 예수님은 기록된 말씀인 성경을 우리에게 계시하실 수 있습니다.

그렇다면 우리의 이해의 눈이 열리고 하나님의 말씀의 놀라운 것을 보기 위해서 우리는 구체적으로 무엇을 할 수 있을까요?

하나님께서 우리에게 길을 주셨습니다! 성령님께서는 사도 바울을 통하여 성령께서 기름 부으시고 인도하신 기도문을 우리에게 주셨습니다. 우리의 이해의 눈이 닫히지 않고 열려서 하나님 말씀 속의 진리를 볼 수 있도록 말입니다.

엡 1:17,18
우리 주 예수 그리스도의 하나님, 영광의 아버지께서 **지혜와 계시의 영을 너희에게 주사 하나님을 알게 하시고 너희 마음(understanding)의 눈을 밝히사[여사]** 그의 부르심의 소망이 무엇이며 성도 안에서 그 기업의 영광의 풍성함이 무엇이며

에베소서 1장 17-18절에 나오는 기도에 특별히 주목하시기 바랍니다. 성령님께서는 바울을 통하여 믿는 자들에게 우선 하나님을 알게 하는 지혜와 계시의 영을 위해 기도하라고 가르치셨습니다. 그런 다음에 자신의 심령과 이해의 눈을 열어 주시기를 구하라고 말씀하셨습니다.

당신의 이해의 눈이 한 번 열리면, 당신은 예수님을 알게 될 것입니다. 그냥 그분에 대하여 아는 것이 아니라 깊고 개별적으로 알게 되는 것입니다.

이것이 바로 누가복음 24장 31절에서 엠마오로 가던 제자들에게 일어났던 일입니다. 그들의 이해의 눈이 열리자, 그들은 예수님을 알아보았습니다!

우리는 에베소서 1장 18절의 기도를 이렇게 바꿀 수도 있습니다. "나는 여러분의 이해의 눈이 열려서 그의 부르심의 소망과 성도 안에서 영광의 풍성함을 보게 되기를 기도합니다."

다른 번역은 이렇게 말합니다. "나는 여러분의 영의 눈이 밝아지기를 기도합니다." 이것은 겉 사람의 육신적인 몸과 눈이 아니라 속사람 즉, 당신의 영적인 사람에 대하여 말하고 있는 것입니다.

이 기도는 성령께서 에베소 교회에게 주신 것입니다. 에베소 성도들이 이 기도를 함으로써 그들의 이해를 열고 밝히는 것이 하나님이 뜻이라면, 다른 모든 성도들 또한 이 기도를 하는 것이 하나님의 뜻인 것입니다.

당신은 당신 자신을 위하여 이 기도를 할 수 있습니다. 우리는 이해의 눈을 밝히고 열어서, 하나님께서 우리에게 주신 영광스러운 기업을 보고 알아야만 합니다.

내가 마지막으로 목회했던 교회에서, 나는 나 자신을 위하여 에베소서의 이 기도를 특별히 1947년 말부터 1948년 초의 겨울에 기도하기 시작했습니다. 나는 오직 하나님의 임재 가운데 많은 시간을 보내면서 이 기도를 하였습니다. 나는 항상 하나님께 많은 이야기를 했는데, 특히 밤에 기도했습니다. 수년 동안, 나는 대부분 밤 시간에 기도를 하였습니다.

우리는 자연적인 습관을 들이는 것과 마찬가지로 영적인 습관을 만들어갑니다. 거듭 났던 때에 나는 병상에 있었기 때문에, 일어나서 다른 곳으로 기도하러 갈 수 없었습니다. 나는 누워서 기도해야만 했습니다. 그래서 나는 지속적으로 밤에 하나님께 이야기하곤 했습니다.

나는 일부러 모든 사람들이 잠들고 모든 불이 꺼질 때까지 기다렸다가 기도하곤 했습니다.

거의 매일 밤, 나는 최소한 한 시간이나 두 시간씩 하나님께 이야기하면서 기도했습니다. 그리고 거의 밤을 새서 기도한 적도 많았습니다.

이런 식으로 나는 하나님과 친밀한 관계가 되었습니다. 수년 동안 오직 주님의 임재하심 가운데 많은 시간을 보냈습니다. 그리고 목사가 되고 나서도, 나는 여전히 밤에 기도를 많이 했습니다.

나는 아침에 일어나면 사택 바로 옆에 있던 교회에 가서 기도했습니다. 교회의 복도를 왔다 갔다 하면서 하나님께 아뢰었습니다. 교회에 있는 내 성경은 항상 에베소서 1장과 3장에 열려 있었습니다.

낮에 사역을 하면서도, 나는 여러 번 교회에 가서 무릎을 꿇고 1장과 3장의 두 기도문을 소리 내어 읽곤 했습니다. 그리고는 주님께 말했습니다. "주님, 나는 나를 위하여 이 기도문들로 기도합니다."

그리고 나는 성경에 '너희'라고 쓰여 진 부분을 '나'로 바꾸어 기도했습니다.

"하나님, 나는 나를 위해 기도합니다. 우리 주 예수 그리스도의 하나님, 영광의 아버지께서 지혜와 계시의 영을 '나'에게 주사 하나님 당신을 알게 하시옵소서."

나는 나 자신을 위해 에베소서의 기도문들로 기도하기 위해 꼭 하루에 몇 번씩 교회에 갔습니다. 바쁘지 않은 날은 몇 시간씩 이 기도문에 시간을 들였습니다.

두세 달이 넘도록 계속 했습니다. 그리고 하루는 평소처럼 교회에 가서 무릎을 꿇고 기도했습니다. 나는 에베소서의 기도문을 읽고 말했습니다. "주님, 나는 나를 위해서 이 기도를 합니다." 그러자 주님께서 말씀하였습니다. "나는 너에게 계시와 환상을 줄 것이다."

처음에는 계시가 오기 시작했습니다. 그것은 나 자신을 위하여 이 기도문들을 기도한 직접적인 결과로 온 것이었습니다. 하나님의 말씀과 상관없는 이상한 계시를 말하는 것이 아닙니다. 하나님의 말씀과 일치하는 계시를 말하는 것입니다. 말씀의 진리에 대한 나의 이해의 눈이 열려졌기 때문에, 나는 하나님을 아는 지식의 계시를 받기 시작했던 것입니다!(엡 1:16-23)

나는 언제나 매우 학구적이었습니다. 나는 자주 밤새워 책을 읽었습니다. 성경 뿐 아니라, 다른 영적인 책들도 읽었습니다. 나는 계속해서 공부했습니다.

그러나 나의 이해의 눈, 즉 나의 속사람의 눈이 열렸을 때, 나는 영적인 진리를 아주 빨리 배워 나갔습니다. 아내에게 "도대체 그동안 무슨 설교를 한거지?"라고 말할 정도였습니다. 나는 14년 간 공부하고 설교하면서 배웠던 것보다, 6개월 동안 계시를 통하여 성경과 하나님에 대해 더 많이 배웠습니다. 나는 말씀으로부터 영적인 진리를 빠르게 깨달았습니다. 나는 아내에게 이렇게 말했습니다. "나는 바보였고 무지했어요. 집사님들이 나를 쫓아내지 않았던 것이 놀라운 일이예요!"

## 주님께서 그분의 뜻을 이루도록 하십시오

위의 일들은 1947년말부터 1948년 초의 겨울까지 일어났던 것입니다. 나는 그 후 1949년 2월 까지 그 교회에 한 해 더 있다가, 순회사역으로 나갔습니다. 그리고 1950년 8월에 주님께서는 나에게 다시 말씀하였습니다. "나는 너에게 계시와 환상을 줄 것이다."

주님께서 처음 말씀하신 후로 환상을 보게 될 때까지는 몇 년이 걸렸습니다. 그러나 나는 내 힘으로 무슨 일을 만들어 보려고 애쓰지 않았습니다. 나는 그저 하나님께서 그분의 때에 그 뜻을 이루시도록 했습니다.

당신은 성령님께서 말씀하셨다고 '생각' 하는 것들에 대해 매우 조심해야 합니다. 들은 것을 당신 뜻대로 이해하거나 해석하지 마십시오.

또한, 당신 자신이 무슨 일을 만들려고 하지 마십시오. 그냥 기다리십시오. 그것이 하나님께서 말씀하신 것이라면, 그분께서 이루실 것입니다. 만약 하나님께서 이루시지 않는다면, 그것은 하나님께서 말씀하신 것이 아니거나 당신이 신실하지 않았던 것입니다.

나는 이것이 오늘날 우리들의 문제라고 생각합니다. 어떤 사람들은 하나님의 음성을 들은 적도 없으면서, 하나님께서 그들에게 무언가 말씀하셨다고 상상합니다. 아니면 아마도 저녁을 너무 많이 먹고 자서 황당한 꿈이든 뭐든 꾼 것이겠지요!

그들은 주님께서 그에게 하신 말씀을 잘못 해석했던 어떤 동부 텍사스 사나이와 같습니다. 나는 이 이야기가 실화인지 아닌지는 모릅니다. 그러나 이 이야기에는 중요한 요점이 있습니다.

그 사나이는 밭을 갈고 있었습니다. 그러나 그는 일에 집중하지 않고 있어서, 작업을 많이 하지는 못했습니다. 그는 그저 시간만 보내고 있었습니다. 그러다 그는 하늘에서 "GP"라는 표적을 보았습니다. 그는 하나님께서 "가서 전파하라(Go Preach)"라고 말씀하시는 것이라고 나름대로 해석했습니다.

그러나 그는 나중에 그 뜻을 알게 되었습니다. "가서 일해라(Go Plow)!" 하나님께서는 그가 시간을 낭비하는 대신, 집중해서 밭일을 끝내기를 원하셨던 것입니다.

요점은, 하나님께서 말씀하신 것을 자기 나름대로 해석하지 말라는 것입니다. 많은 경우에 그것은 문제가 됩니다. 만약 하나님께서 주신 말씀이 맞다면, 하나님께서 하나님 역할을 하시도록 하고, 그분께서 당신을 향하여 기회의 문을 열도록 하십시오.

그저 하나님을 의지하고, 하나님께서 그 말씀하신 바를 이루시도록 하십시오. 하나님의 뜻을 행할 수 있도록 신실한 마음으로 기도하고 공부하며 스스로 준비하십시오(딤후 2:15).

주님과 동행함에 있어, 나는 하나님께서 내게 말씀하신 것을 내 스스로 이루려고 노력한 적이 한 번도 없습니다. 나는 수년이 지나야 이루어질 일들을 영으로 미리 본 적이 있습니다. 어떤 일들은 50년 이상 걸리는 것도 있었습니다. 그러나 나는 조금도 흔들리지 않고 하나님께서 그 일들을 이루시기까지 기다렸습니다.

하나님께서 당신을 위해 하나님의 문들을 열어주실 것입니다! 그 문들을 당신 힘으로 열려고 서두르지 마십시오. 당신의 힘으로는 어떻게도 이룰 수 없습니다. 게다가 하나님께서는 당신이 '하나님'이 여시는 문으로 들어갈 때 축복하십니다.

하나님께서 나에게 환상과 계시를 주겠다고 말씀하셨지만, 1950년 이전까지 환상은 보이지 않았습니다. 그러나 1950년부터 1958년까지, 주님께서는 내게 8번 직접 나타나셨습니다.

내가 에베소서의 기도문을 기도하며 나의 이해의 눈을 열어 주시고 하나님을 아는 계시를 달라고 구하지 않았다면, 내게 이런 일들은 절대로 일어나지 않았을 것입니다.

내가 어떻게 예수님에 대한 지식을 받았을까요? 물론 나는 항상 방언으로 많이 기도했습니다. 그러나 예수님에 대한 지식은 나 자신을 위하여 단지 에베소서의 기도문들을 한 마디 한 마디 기도함으로써 받은 것입니다. 예수님께서 나의 심령의 눈을 여심으로 내가 영적인 진리를 이해할 수 있게 되었던 것입니다. 그리고 내가 말씀을 읽을 때, 예수님은 계속하여 나를 밝혀 주셨습니다.

당신은 또 하나님께서 다른 사람의 이해의 눈을 열어 주시도록 기도할 수 있습니다. 내가 아는 어떤 사람이 있었습니다. 그는 구원받고 성령 세례를 받아 다른 방언을 말하였습니다. 그는 몸에 치유가 필요했고, 신령한 치유도 믿고 있었습니다. 그러나 그는 영적 생활에서 고군분투하고 있었습니다. 그는 치유를 받는 일에 어려움을 겪고 있었습니다.

그가 나에게 말했었기 때문에, 나는 그의 영적 투쟁에 대하여 알고 있었습니다. 치유에 대한 그의 이해 부족이 그의 믿음을 방해하고 있었고, 치유 부분에서는 그의 믿음이 일하지 못하고 있었습니다. 결국, 질병으로 인해 그는 거의 죽을 지경이 되었습니다.

그래서 나는 그가 치유에 대한 성경적 진리를 깨달을 수 있도록 그와 이야기를 나누었습니다. 그러나 그는 그것들을 잡지 못하는 것 같았습니다.

그리고 얼마 되지 않아서, 나는 텍사스의 어떤 도시에서 집회를 하였습니다. 나는 매일 성경을 에베소서의 기도문들에 펴 놓고 이렇게 말했습니다. "주님, 나는 아무개를 위하여 이 기도를 합니다." 그리고 나는 주님께 그의 이름을 말했습니다. 그리고 나서 "너희"나 "너희의"라고 되어 있는 곳에 그의 이름을 넣어, 그를 위하여 기도했습니다.

나는 에베소서 1장에 있는 기도문으로 하나님께서 그의 이해의 눈을 열어 그가 하나님의 말씀의 진리를 깨달을 수 있도록 기도했습니다. 나는 그를 위하여 그렇게 열흘간 매일 기도했습니다.

열흘 째 되는 날, 그 사람이 내게 와서 말했습니다. "저를 위해서 기도하셨나요?"

"무슨 말입니까?" 내가 물었습니다.

그가 말했습니다. "예전에는 말씀에서 전혀 보지 못 했던 것들을 제가 깨닫기 시작했어요."

나는 그에게 그의 영적인 눈이 열려지도록 기도하고 있다고 말한 적이 전혀 없었습니다.

당신 자신을 위하여 에베소서의 기도문을 기도하는 것은 가치 있는 일입니다. 뿐만 아니라 다른 사람을 위하여 그 기도를 하는 것도 영적인 방법입니다.

많은 사람들이 성경을 이해하지 못하는 이유는 그들이 예수님을 알지 못하기 때문입니다. 만약 예수님을 영접했으면서도 성경을 이해하지 못한다면, 그들이 예수님과 교제하지 않기 때문입니다. 그들의 심령의 눈은 열리지도 밝혀지지도 않은 것입니다. 영적인 눈이 열리면, 그들은 예수님을 아는 지식을 받을 수 있을 것입니다(엡 1:17).

## 말씀이 당신에게 열려 있습니까, 닫혀 있습니까?

여러분, 만약 우리가 주님과 가까이 교제하고 있다면, 하나님께서는 말씀을 우리에게 열어주실 것입니다. 당신이 예수님과 잘 알게 될 때, 당신은 성경의 저자를 알게 되는 것이므로 성경은 당신에게 열린 책이 됩니다. 당신에게 성경은 더 이상 닫힌 책이 아닌 것입니다.

그러나 당신이 그 저자인 예수님을 모른다면 당신에게 성경은 닫힌 책일 것입니다. 당신은 성경을 읽고 "도대체 무슨 말인지 모르겠습니다"라고 말할 것입니다.

보통은 성경이 당신에게 밝혀지지 않고 어두운 상태로 있기 때문에 그렇습니다. 구원받은 지 수년이 되었는데도 성경이 당신에게 닫혀있는 것 같다면, 하나님께서 당신의 영적인 눈을 열어 주실 수 있도록 당신은 하나님과 더 가까운 교제 가운데로 들어가야 합니다.

그리고 만약 구원을 받았음에도 하나님의 말씀이 당신에게 살아있지 않고 당신의 이해가 열려있지 않다면, 그것은 당신이 말씀의 빛 가운데 행하고 있지 않기 때문입니다. 다시 말해, 당신은 아마도 당신이 알고 있는 모든 진리대로 살고 있지 않을 것입니다.

성경은 작은 여우들이 포도나무를 망친다고 말합니다(아 2:15). 때때로 인생의 걱정이나 작은 죄들이 당신과 하나님 사이에 슬며시 끼어듭니다. 성경은 죄가 당신과 하나님 사이를 갈라놓는다고 말합니다(사 59:2). 죄가 당신과 하나님 사이를 분리하면, 하나님은 당신에게 실제적인 존재로 느껴지지 않습니다. 나는 말씀이 나에게 더 이상 밝혀지지 않을 때에는, 내게 무엇인가 문제가 있는 것이며 다시 바른 길로 돌이켜야 한다는 것을 오래 전에 배웠습니다.

인생에서 어떤 길로 잘못 들어섰다고 느낀 적이 없으십니까? 이것은 마치 여행을 하는 것과 같습니다. 잘못된 길에 들어섰다면 그 길을 계속 갈 필요가 없습니다. 되돌아 나와서 바른 길로 들어가야 목적지에 도착할 수 있는 것입니다.

나도 살면서 바른 길로 돌이켜 갔던 적이 있었습니다. 내가 그렇게 했을 때, 말씀은 다시 한번 나에게 생명이고 빛이고 살아있는 것으로 다가왔습니다. 그러나 내가 잘못된 길에 머물러 있는 한 말씀은 내게 어둡고 비춰지지 않았습니다.

그러나 하나님을 찬양합니다. 예수님께서 그의 말씀을 당신에게 열어 주실 것입니다! 예수님은 여시는 분입니다! 예수님께서는 당신의 이해의 눈을 열어서, 당신이 그의 말씀의 놀라운 진리를 볼 수 있도록 하실 것입니다!

말씀을 실천하고 행하는 사람이 되십시오. 그러면 그의 말씀이 훨씬 더 많이 당신에게 열릴 것입니다! 당신이 알고 있는 진리의 빛 가운데 행하십시오. 당신이 말씀을 행하고 하나님과 가까이 교제하면, 그분은 다른 말씀들도 열어 주실 것입니다. 무엇이든 당신이 알아야 하는 것이라면, 하나님께서는 당신에게 열어 주실 것입니다.

예수님께서는 우리들에게 축복과 공급의 문을 열어 놓으셨습니다. 우리가 말씀을 잘 듣고 하나님과 가까이 교제하면, 하나님께서는 성장의 문, 기회의 문, 봉사의 문 등 다른 문들도 우리 삶 가운데 계속 열어주실 것입니다.

## 제 4 장
# 봉사와 말의 열린 문

예수님께서는 우리에게 봉사(service)의 놀라운 문을 여십니다! 우리가 주님께서 여시는 봉사의 문에 순종하며 들어갈 때, 우리는 우리 삶에 일어나는 충만한 영적인 성장에 놀라게 될 것입니다. 하나님께서는 그분의 뜻을 행하는 일에 순종하는 자들에게 충만하게 보상하십니다.

그러나 놀랍게도 많은 믿는 자들이 하나님을 위하여 무엇인가 하기 원하면서도, '큰' 일을 할 수 있을 때까지 기다리기만 합니다. 하지만 그들이 하나님을 위하여 '작은' 일을 하지 않는다면, 그 어떤 큰일도 할 수 없을 것입니다.

그러므로 당신이 있는 자리에서 하나님을 위한 봉사를 시작하는 것이 매우 중요합니다. 당신을 위해 열린 그 어떤 작은 문에라도 들어간다면, 하나님께서는 더욱 큰 봉사의 문을 여실 것입니다.

내가 처음 십 대가 되었을 때, 나는 하나님을 위하여 할 수 있는 것은 무엇이든 하기를 자원했습니다. 처음 가보는 교회에서도 누군가 바닥을 쓸 사람이 필요하다면, 나는 제일 먼저 자원하여 "제가 하겠습니다!"라고 말했습니다.

한 예로, 내가 어떤 교회에 갔었는데 그때 그 교회 목사님께서 교회 수리를 도울 사람을 찾고 계셨습니다.

교회 건물이 오래 되어 난방이 되지 않았던 것입니다. 겨울이 오고 있었고, 목사님은 추운 날씨에 대비하고자 하셨습니다.

나는 그 교회의 교인이 아니었지만, 그 목사님을 돕기 위해 자원했습니다. 목사님과 내가 그 교회의 방한 보수 작업의 90%를 하였습니다. 나는 그것을 주님께 하듯 했습니다. 사람을 위해서 한 것이 아닙니다. 나는 주님을 기쁘시게 해드리기 원했습니다.

하나님을 위해 정말 일할 수 있는 사람들이 가만히 앉아만 있는 것을 보는 것은 실망스러운 일입니다. 예를 들어, 사역자로 부름을 받은 사람들은, 그들의 영적 성장 단계에서, 있는 자리에서 하나님께 봉사하는 대신 이렇게 말합니다. "오, 나는 '그런 것'은 할 수 없습니다! 나는 '예언자'로 부름을 받았습니다. 나는 교회에서 일할 수 없습니다. 하나님께서는 내게 더 큰 일을 맡기셨습니다!"

애당초 어떤 사람이 예언자로 부름을 받았다고 하더라도, 그가 그러한 직분을 맡기에 충분히 사역적으로 성숙하기 위해서는 많은 시간이 걸릴 것입니다. 하나님께서는 풋내기를 사역자의 자리에 세우지 않으십니다.

하나님께서는 사역의 책임을 주시기 전에, 먼저 믿는 자들이 영적으로 성장하기를 원하십니다.

만약 믿는 자들이 이 원칙을 이해한다면, 그들은 함정에 빠지지 않을 것입니다. 하나님께서는 영적으로 미성숙한 그리스도인들을 큰 책임이 따르는 직분에 세우지 않으십니다.

하나님의 영이 사도 바울을 통하여 디모데에게 말씀하시기를, 새로 입교한 자를 집사의 직분에 세우지 말라고 하셨습니다(딤전 3:6,8,10).

하나님의 영이 초신자들을 집사 직분에 세우지 말라고 하셨다면, 하나님께서 왜 그들을 오중사역 같이 더 책임이 큰 사역에 세우시겠습니까? 그렇게 하지 않으십니다!

처음 일을 하는 사람들은 쉽게 자만심에 빠질 수 있기 때문에 그들을 세우는 것은 현명한 일이 아닙니다. 그의 사역적 지위를 미끼로 사탄은 그들이 스스로를 실제보다 높이도록 너무나 쉽게 유혹할 수 있습니다.

그렇습니다. 사역자들이 발전하는 데에는 시간이 걸립니다. 또한, 사역자로 부름 받은 사람들도 처음부터 그 사역을 하는 것이 아닙니다. 하나님께서는 그들이 보다 크고 위대한 책임을 질 수 있도록 우선 사람들을 발전시키고 성숙시키십니다.

사역을 위한 가능성과 부르심은 분명히 있습니다. 그러나 하나님께서 부르셨다고 해서 하루아침에 모든 사역을 맡을 수는 없습니다.

이것은 자연적인 일에서도 진리입니다. 어머니의 팔에 안겨 있는 아기는 자라서 의사나 변호사나 심지어 대통령이 될 수도 있는 잠재력을 가지고 있습니다.

그러나 그 아기가 내일이나 그 다음날 그렇게 될 수는 없습니다. 그가 자라고 발전하고 성숙하여 그러한 책임을 감당하기까지는 시간이 필요한 것입니다.

마찬가지로, 신자들은 하나님을 위한 모든 사역과 봉사에 대해 잠재력을 가지고 있습니다. 그러나 그가 즉시 그 일을 맡을 수는 없습니다. 사역에 대한 한 사람의 무한한 잠재력을 개발하는 데는 시간이 필요합니다.

그러나 믿는 자들이 충분히 성숙하고 영적으로 발전하였다면, 하나님께서는 그들을 예비하신 자리로 옮기기 시작하실 것입니다. 그리고 준비하신 때에, 하나님께서는 그들을 위해 더 크고 위대한 봉사의 문을 여실 것입니다.

그렇기 때문에 믿는 자들은 스스로 구비하여야 하는 것입니다. 만약 준비하지 않는다면, 그들은 하나님과 함께 나아갈 수 없을 것입니다. 그에 대해 성경은 말합니다. "너는 진리의 말씀을 옳게 분별하며 부끄러울 것이 없는 일꾼으로 인정된 자로 자신을 하나님 앞에 드리기를 힘쓰라"(딤후 2:15).

많은 경우, 사람들은 자신들이 하나님을 기다리고 있다고 생각합니다. 사실은 '하나님께서' 그들이 준비되기를 기다리고 계신데 말입니다. 그들이 스스로 준비할 수 있는 유일한 방법은 하나님께 인정받도록 노력하는 것입니다. 그리고 그들이 준비되면, 하나님께서는 그들을 위하여 문을 여실 것입니다.

믿는 자들은 봉사의 문이 모든 사람에게 열려 있다는 것을 이해해야 합니다. 그러므로 무엇이 '당신의' 봉사의 문인지 찾아내십시오. '당신이' 주님을 위하여 무엇을 할 수 있는지 주님께서 보여주시도록 구하십시오.

그리고 언제든 봉사의 문이 열리면, 그 안으로 들어가십시오. 무슨 일이든지 주님께 하듯 하십시오. 성경은 이렇게 말합니다. "무슨 일을 하든지 마음을 다하여 주께 하듯 하고 사람에게 하듯 하지 말라"(골 3:23).

당신이 믿을 만하다는 것을 하나님께 증명하면 그는 예비하신 봉사나 사역으로 당신을 옮기실 것입니다. 그러나 당신이 작은 일에서도 매우 교만하다면 하나님께서는 큰 책임이 따르는 사역에서 당신을 사용하실 수 없을 것입니다.

## 하나님께서는 신실함에 보상해 주십니다

사람들은 가끔 이렇게 말합니다. "나는 설교자로 부름 받지 않았어요. 그래서 나는 그분을 위해 할 수 있는 일이 없습니다." 그러나 하나님의 왕국에는 모든 사람을 위하여 봉사의 문이 열려 있습니다.

하나님께서 당신을 위하여 여신 봉사의 문이 무엇이든지, 당신이 신실하게 그분을 섬기기만 한다면, 당신은 설교자들과 똑같이 풍성한 보상을 받을 것입니다.

때때로 사람들은 강단에서 설교하는 사람들이 다른 누구보다도 많은 상을 받을 것이라고 생각합니다. 그러나 그렇지만은 않습니다.

하나님께서 말씀하신 일이 무엇이든 당신이 그것에 신실하다면, 그 신실함으로 인해 당신은 보상받을 것입니다. 하나님께서는 사람들의 지위에 따라 상을 주시지 않습니다. 하나님은 그분께 순종하는 그들의 신실함에 따라 보상하십니다.

물론 주님의 군대에서 모두가 장교는 아닙니다. 세상의 군대에서도 모든 사람이 장교가 될 수 없듯이 주님의 군대에서도 우리 모두 장교가 될 수는 없습니다. 보병을 비롯해서 다양한 보직에서 섬기는 이들이 있는 것입니다.

심지어 구약에서는 "소유물 곁에 머물렀던 자" 즉, 군인들의 소유물들을 지키기 위해 남아 있던 사람들도 전쟁에 나가서 싸운 사람들과 동일하게 상급과 전리품을 받았습니다. 짐을 지키며 남아 있는 것 또한 봉사의 열린 문이었던 것입니다.

우리는 구약의 사무엘상에서 이 원칙의 예를 볼 수 있습니다. 당시에 아말렉 사람들이 시글락에 쳐들어와서 침탈하고, 다윗의 진지에서도 모든 여자와 아이들을 잡아 갔습니다. 다윗과 그의 백성들은 그들의 가족과 물건들을 잃은 것에 너무나 슬퍼했습니다.

결국 다윗은 주님을 힘입어 용기를 얻고 주님께 어떻게 해야 할지 묻기 시작했습니다. 주님께서는 다윗에게 반드시 이기고 모든 것을 되찾을 것이므로, 가서 적을 추격하라고 하셨습니다. 그리하여 다윗은 그의 군대를 정비하고 아말렉을 쫓기 시작하였습니다.

삼상 30:8-10, 18-25

다윗이 여호와께 묻자와 이르되 내가 이 군대를 추격하면 따라잡 겠나이까 하니 여호와께서 그에게 대답하시되 그를 쫓아가라 네 가 반드시 따라잡고 도로 찾으리라 이에 다윗과 또 그와 함께 한 육백 명이 가서 브솔 시내에 이르러 **뒤떨어진 자를 거기 머물게 했으되** 곧 피곤하여 브솔 시내를 건너지 못하는 **이백 명을 머물 게 했고** 다윗은 사백 명을 거느리고 쫓아가니라
다윗이 아말렉 사람들이 빼앗아 갔던 모든 것을 도로 찾고 그의 두 아내를 구원하였고 그들이 약탈하였던 것 곧 무리의 자녀들이 나 빼앗겼던 것은 크고 작은 것을 막론하고 아무것도 잃은 것이 없이 모두 다윗이 도로 찾아왔고 다윗이 또 양 떼와 소 떼를 다 되 찾았더니 무리가 그 가축들을 앞에 몰고 가며 이르되 **이는 다윗 의 전리품이라** 하였더라 다윗이 전에 피곤하여 능히 자기를 따르 지 못하므로 **브솔 시내에 머물게 한** 이백 명에게 오매 그들이 다 윗과 그와 함께 한 백성을 영접하러 나오는지라 다윗이 그 백성 에게 이르러 문안하매 다윗과 함께 갔던 자들 가운데 악한 자와 불량배들이 다 이르되 **그들이 우리와 함께 가지 아니하였은즉 우 리가 도로 찾은 물건은 무엇이든지 그들에게 주지 말고** 각자의 처 자만 데리고 떠나가게 하라 하는지라 다윗이 이르되 나의 형제들 아 여호와께서 우리를 보호하시고 우리를 치러 온 그 군대를 우 리 손에 넘기셨은즉 그가 우리에게 주신 것을 너희가 이같이 못 하리라 이 일에 누가 너희에게 듣겠느냐 **전장에 내려갔던 자의 분깃이나 소유물 곁에 머물렀던 자의 분깃이 동일할지니** 같이 분 배할 것이니라 하고 그날부터 **다윗이 이것으로 이스라엘의 율례 와 규례를 삼았더니 오늘까지 이르니라**

이와 같이, 다윗의 군대에서는 뒤에 남아서 물건들을 지키 는 것이 전쟁에 나가서 싸우는 것과 같은 위대한 봉사로 여겨 졌습니다. 그리하여 이스라엘에서는 뒤에 남아서 소유물을 지

킨 사람들과 전쟁에 나가서 싸운 사람들이 같은 보상을 받는 것이 규례가 되었습니다.

이 원칙은 오늘날 교회에서도 적용됩니다. 사람들은 이따금 외국에서 사역하는 선교사들이 하나님을 위해 가장 큰 희생을 하고 있다고 말합니다. 물론 선교사님들은 하나님을 위해 엄청나게 헌신하고 있습니다.

그러나 때때로 집에서 "짐을 지키면서" 하나님께 순종하는 것이 선교지에서 하나님께 순종하는 것만큼 힘들 때도 있습니다.

가끔은 지역과 교회를 지키고 하나님을 섬기며 하나님께서 당신을 위하여 열어놓으신 모든 봉사의 문을 통과하는 것이 가장 어려운 일인 것입니다.

중요한 것은, 하나님께서는 '순종'을 풍성하게 축복하신다는 것입니다. 당신이 어디에서 하나님께 봉사하는지는 상관없습니다! 하나님께서 당신을 위하여 열어놓은 봉사의 문으로 들어갈 때, 하나님께서는 당신에게 넘치도록 보상하실 것입니다.

오랜 세월동안 사람들은 내게 이렇게 말했습니다. "당신이 수년 전에 하나님께 순종하여 부흥 사역자가 되었기 때문에 하나님께서 많은 축복을 하셨습니다." 그러나 아이들과 함께 집에 있었던 내 아내도, 나와 같은 보상을 받을 것입니다.

만약 그것이 그들의 부르심이라면, 지역 교회에 열심히 출석하고 봉사하는 사람들도 보상을 받을 것입니다. 왜냐하면 하나님께서는 신실함에 보상하시기 때문입니다.

그러므로 비록 선교지에 나가지 않고 "짐을 지키면서" 있는 신자라고 할지라도, 하나님께서는 그들의 기도와 재정적인 필요, 소속된 교회에서의 그들의 봉사에 대해서 모두 보상하실 것입니다.

어떤 그리스도인들은 이렇게 말합니다. "하지만 나는 할 수 있는 것이 하나도 없습니다." 그러나 우리 각 사람이 주님께 할 수 있는 봉사가 다 있기 마련입니다.

우리들이 천국에 가서 상을 받을 때, 확신하건대 사람들이 어떤 특정한 보상이 자기의 것이라고 생각하고 받으려고 나아올 때, 예수님께서 그 사람대신 다른 사람의 이름을 부르시는 일이 많을 것입니다.

분명히 몇몇 목사나 설교자들은 상을 받으러 올라설 것입니다. 그들은 스스로 '나는 당연히 상을 받겠지. 왜냐하면 내가 교회를 세웠으니까! 나는 이런 일도하고, 저런 일도 했어' 라고 생각할 것입니다.

그러나 예수님께서는 오직 하나님 외에는 아무도 모르게 보이지 않는 곳에서 신실하게 일했던 다른 사람의 이름을 부르실 것입니다. 확실합니다.

## 기도는 주님께 대한 봉사입니다

제가 예를 하나 들어보겠습니다. 많은 사람들은 기도가 주님께로 열린 봉사의 문이라고 생각하지 않습니다. 그러나 하나님의 왕국의 대부분의 선한 일들이 하나님의 백성들의 신실한 기도에 의해 이루어 졌습니다.

  내가 사역했던 오순절 교회에서 내가 처음 순복음 운동에 가담했었을 때, 근처 마을에 사는 82세 쯤 된 부인이 있었습니다. 사람들은 그녀를 'H 할머니'라고 불렀습니다.

  H 할머니는 우리 교회의 교인이 아니었습니다. 그러나 가까운 곳에 살고 있었기 때문에 그녀는 우리 교회에 꽤 자주 들르곤 했습니다.

  나는 인구가 몇 백 명쯤 되는 작은 시골 마을에서 목회를 하고 있었습니다. 교인 대부분이 근처에서 농사를 짓는 농부들이었고 몇 명은 읍내에 살았습니다. 우리는 매주일 마다 친교를 가졌고, 40~70명 정도가 출석하였습니다.

  우리는 음식을 한 접시씩 해 가지고 누군가의 집에 모여서 친교를 나누곤 했습니다. 가을에는 추수철이기 때문에, 우리는 주말에만 예배를 드렸습니다. 성도들이 곡식과 목화를 추수해야 했기 때문에 수요예배는 취소했던 것입니다.

  H 할머니는 집에서 하는 이런 일요 친교 모임들에 나오곤 하였습니다. 저녁 식사가 끝나자마자, H 할머니는 잠깐 친교를 나누고는 기도할 수 있는 침실을 찾았습니다.

  1930년대 농가 대부분에는 바닥에 양탄자가 없었습니다. 어떤 집들은 심지어 비닐 장판도 없었습니다. 대부분은 그저 오래되고 거친 나무 바닥 그대로였습니다.

  H 할머니는 바닥에 깔 수 있는 잡지나 신문 같은 것을 달라고 하고, 남은 오후 시간 동안 무릎 꿇고 기도했습니다.

우리가 친교하고 교제를 즐기는 동안 H 할머니는 기도하고 있었습니다. 나는 그분이 텍사스 달라스에서 살았었고, 1900년 초에 성령 세례를 받은 것을 알게 되었습니다.

성령 충만함을 받은 후, H 할머니는 북부 텍사스의 모든 마을과 도시에 순복음 교회가 세워지는 것을 위해 기도하는 것에 심령을 바쳤습니다. 그분은 기도를 업으로 삼았습니다. 다시 말해, 그분은 하나님께 기도하는 삶을 사는 것을 업으로 삼은 것입니다.

이웃의 한 목사님은 목사관이 없었습니다. 그래서 H 할머니는 그 목사와 사모에게 말했습니다. "괜찮으시면, 저희 집에서 사셔도 됩니다." 그래서 그들은 목사 부부가 살 수 있도록 집의 한 쪽을 칸막이로 막았습니다.

그 목사는 H 할머니가 항상 매일 아침 8시에 일어나서 10시까지 두 시간씩 기도했다고 말했습니다.

그리고 10시에 식사를 하고 가끔은 목사님 부부와 친교를 나누었습니다. 그러나 2시에는 다시 무릎을 꿇고 기도했습니다. 그리고 오후 6시까지 기도를 하였습니다.

그리고 나서 저녁을 먹었을 것입니다. 그러나 7시나 그쯤에는 다시 돌아와 기도했고 거의 밤을 새웠습니다.

그분은 몇날 며칠 몇 달을 그렇게 했습니다. 그것이 주님께 대한 그분의 봉사였습니다. 그분은 집에서 남의 눈을 피해서 기도했기 때문에 누구도 그분이 하는 것을 알지 못했습니다. 그러나 하나님은 보셨습니다.

H 할머니는 모든 마을과 도시마다 순복음 교회가 세워지도록 하나씩 기도해 나갔습니다. 그분은 교회가 세워질 때까지 기도했습니다.

그러한 곳에 교회를 세운 목사들은, 천국에서 당연히 자기가 상을 받을 것이라고 기대할 것입니다. 그러나 주님은 그들 대신 H 할머니를 불러내어 상 주실 것입니다. H 할머니는 기도로 주님께 봉사했습니다! 아마도 그분은 설교를 하거나 병든 사람을 돌볼 수는 없었을 것입니다. 그러나 그분이 할 수 있는 일이 있었습니다. 그분은 기도할 수 있었습니다!

이것은 우리들 모두에게 교훈이 되어야 하겠습니다. 특별히 "그렇지만 나는 무엇으로 주님께 봉사해야 할지 모르겠습니다"라고 말하는 사람들에게 말입니다. 하나님께서는 우리 각 사람을 위한 봉사의 문을 여는 것에 게으른 분이 아니십니다. 단지 우리가 하나님께서 여신 그 문으로 들어가는 일에 게으른 것입니다!

## 광대하고 유효한 봉사의 문

나는 바울이 고린도전서 16장 9절에서 봉사의 열린 문에 대하여 말한 것을 좋아합니다.

고전 16:9
**내게 광대하고 유효한 문이 열렸으나** 대적하는 자가 많음이라 하나님께서는 우리들을 위하여 광대하고 유효한 문을 여십니다. 그러나 이 구절에서 이 부분도 놓치지 말아야 합니다.
"…대적하는 자가 많음이라"

바울은 현실적입니다. 그는 많은 장애물이 있다는 사실을 부정하지 않습니다. 사탄은 우리가 주님께서 열어 놓으신 봉사의 문으로 들어가지 못하도록 우리를 항상 방해합니다.

사람들은 종종 마귀나 문제에 대하여 이야기하는 것은 곧 부정적인 고백을 하는 것이라고 생각합니다. 그러나 바울은 부정적인 고백을 하고 있었던 것이 아닙니다. 그는 단지 현실을 직시하고 있었던 것입니다. 그는 진실로 영적인 진리를 말하고 있었던 것입니다. 믿는 자들이 하나님을 위하여 일할 때, 사탄은 그들을 방해합니다.

여러분, 여러분은 현실을 직시해야 합니다. 현실을 직시하고 나면, 당신은 믿음 위에 설 수 있습니다. 그러나 무엇 때문에 하나님을 믿고 있는지조차 모르면서 어떻게 하나님의 말씀을 믿는 믿음 위에 설 수 있겠습니까?

많은 사람들이 현실을 부정하고 무지함 가운데 서 있으면서도 스스로가 주님을 위해 봉사하며 믿음 위에 서 있다고 생각합니다. 그러는 동안 마귀는 그들을 비웃고 있습니다. 사람들은 그것을 알아야 합니다.

다시 말해 주님께서는 당신을 위하여 봉사의 문을 여셨지만, 당신은 일반적인 상식과 지혜를 이용하여 주님께서 시키신 일을 이루려고 하고 있습니다. 그러면서 이렇게 말합니다.

"나는 지금 주님을 섬기고 있습니다. 그러므로 주님은 당연히 나의 모든 것을 돌보아 주실 것입니다."

나는 그런 사람들을 압니다. 내가 어떤 지역에서 설교를 하고 있었을 때였습니다. 회중들은 나에게 다른 교회의 사역자 부부에 대하여 말해주었습니다. 이 부부는 세 살 된 아이를 일터에 데리고 와서 아이가 사방을 돌아다니도록 놓아두었습니다. 그곳에는 수영장이 있었는데 한 관리인이 그 부부에게 말했습니다. "아드님을 지켜보셔야 해요. 잘못하면 수영장에 빠져 죽을 수도 있어요."

그 부부는 자신들은 믿음의 사람이며, 하나님의 일을 하고 있기 때문에 나쁜 일은 절대 일어날 수 없다고 생각했습니다. 그러나 주님의 일을 하는 하나님의 백성이라 하더라도, 하나님께서는 그들이 옳은 판단력과 상식을 가지고 행하기를 바라십니다. 사실, 이 가여운 사람들은 절대 믿음으로 행한 것이 아닙니다. 그들은 그저 무지한 것이었습니다.

그들은 아이가 수영장에 가는지 잘 살펴보라는 경고를 받으면서도, 그저 이렇게 대답했습니다. "오, 그런 부정적인 고백은 하지 마세요. 우리에 대해서 그런 말은 하지 마세요. 우리는 주를 섬기느라고 바쁘니까, 대신 아이를 보호할 천사들을 붙여 놓겠습니다."

다음 날, 아이는 익사했습니다. 여러분, 여러분은 아이들을 하고 싶은 대로 내버려 두어서는 안 됩니다. 주를 위해 봉사하고 있다는 이유로, 아이들을 방치하고 하나님께서 그들을 돌보실 것이라고 믿고 있는 것은 믿음이 아닙니다. 사실, 그것은 단지 당신의 책임을 회피하는 것입니다.

애초에 부모로서 자녀를 돌보아야 할 책임은 다 하지 않으면서, 하나님과 그의 천사들에게 아이들을 떠넘기고 보호해 달라고 요청할 수는 없습니다. 이 사역자 부부는 자신들이 믿음 위에 서 있다고 생각했지만, 실상 그들은 하나님의 말씀의 원칙에 무지했던 것입니다. 바울도 하나님을 믿었습니다. "많은 기회의 문들이 열렸다." 이것이 믿음입니다. 그러나 동시에 그는 현실적이었습니다. 그는 우리에게 대적하는 무장한 적들이 있다는 사실을 간과하지 않았습니다. 그래서 바울은 "대적하는 자들이 '많도다'"라고 말한 것입니다.

주목해 보십시오. 바울은 "우리의 상대가 되지 않는 '약간'의 대적들이 있도다"라고 말하지 않았습니다. 혹은 "유효한 봉사의 문이 열렸으니 우리의 대적, 마귀는 우리가 방해받지 않고 그 문에 들어가도록 내버려 둘 것이다"라고 말하지도 않았습니다.

그렇습니다. 바울은 현실을 직시하였고 믿는 자들에게 마귀가 우리를 대적할 것이라고 말했습니다. 그러나 이는 주님께서 마련하신 유효한 봉사의 문을 부정하는 것이 아닙니다. 또한 마귀에 대하여 믿는 자들이 가진 권세를 부정하는 것도 아닙니다(마 18:18; 눅 10:19).

우리가 다 아는 바와 같이, 바울은 모든 상황에서 승리를 얻는 방법을 알고 있었습니다! 바울은 믿는 자들이 예수 이름으로 마귀를 이긴다는 것을 알고 있었습니다(빌 2:9,10). 그러나 그 반면 그는, 앞에 열린 기회와 봉사의 문으로 그리스도인들이 들어가는 것을 가로막는 '많은' 대적들이 있다는 사실을 부정하지 않았습니다.

## 보고, 깨닫고, 그리고
## 당신에게 열려진 문으로 들어가십시오

진실로, 우리 각 사람 앞에는 열려진 봉사의 문이 있습니다. 우리가 그것을 보고, 그 가치를 깨닫고, 그곳으로 들어간다면 말입니다!

당신은 이렇게 말할지도 모릅니다. "하지만 나는 설교자로 부름 받지 않았어요." "나는 강단 사역자로 부름 받지 않았어요."

그렇다면 당신은 아마도 돕는 사역으로 부름 받았을 것입니다. 돕는 사역자들은 오중 사역자들을 원조하고 돕습니다.

당신에게 오중 사역자로서의 부르심이 있든지 없든지, 잘 살펴보면 당신은 사역의 여러 분야에 수많은 봉사의 문이 열려있는 것을 발견하게 될 것입니다.

나는 오래 전에 텍사스의 작은 시골 교회에서 목회를 하고 있었습니다. 당시 우리는 경제공황에서 겨우 빠져 나왔지만, 물가와 임금은 아직 경제공황 때의 수치로 동결되어 있었습니다.

우리 교회에는 관리인이 없었습니다. 그래서 때때로 다른 사람들이 교회를 청소하는 일에 자원했습니다. 나는 항상 그들이 교회 의자와 바닥의 먼지를 잘 털고 쓸었는지 확인했습니다.

그리고 잘 되지 않았다면 내가 그 일을 다시 했습니다. 대부분의 경우 청소는 잘 되지 않았고, 내가 다시 교회를 청소해야 했습니다.

그러다 우리 교회의 한 청년이 30마일 쯤 떨어진 곳의 작은 교회에서 목사로 사역을 시작하게 되었습니다. 나는 그에게 그 교회에서 집회를 하겠다고 약속을 했었고, 그래서 나는 그의 교회에서 부흥회를 하였습니다. 우리는 월요일부터 토요일까지 매일 저녁 예배를 드렸습니다.

토요일 저녁 예배 후에, 나는 본교회의 주일 아침 설교를 위해 집으로 운전해 돌아왔습니다. 그 당시에는 고속도로가 없었고 그냥 이차선 도로였습니다. 그리고 사람들이 지금처럼 빨리 달리지도 않았습니다. 또한 예배 후에 다과와 친교를 나누느라 나는 늦게까지 집에 도착하지 못했습니다.

나는 운전하면서 이런 생각을 했었습니다. '누군가 교회를 청소해 놓았다면 좋겠다. 아니면 나는 청소하느라고 내일 아침에 일찍 일어나거나 오늘 밤 늦게 잠들어야 할거야.' 교회를 청소하는 자원자들이 있었지만, 종종 사람들은 하겠다고 하고선 그렇게 하지 않았습니다.

그래서 사택에 도착하자마자 나는 가장 먼저 교회로 가서 불을 켜 보았습니다. 그런데 교회는 정말 깨끗했습니다. 유난히 깔끔했습니다. 그렇게 깨끗한 적은 없었던 것 같았습니다. 그래서 나는 기뻐하며 집으로 갔습니다.

다음 날 아침, 주일 예배 후에 한 형제가 환한 얼굴로 내게 다가와 말했습니다. "어떻게 생각하세요?"

그는 높은 자리로 승진하거나 교회의 목자로 임명되기라도 한 것처럼 감격해했습니다.

"무엇에 대하여 말입니까?" 내가 물었습니다.

"교회 말이에요! 얼마나 깨끗한지 못 알아보셨어요?" 그가 웃으면서 말했습니다.

"예. 정말이지 이제껏 중 최고로 깨끗한 것 같습니다."

내가 이렇게 말했을 때 그 사람은 갑자기 울기 시작했습니다. 그리고 말했습니다.

"해긴 목사님, 저는 이 교회의 교인입니다. 저는 일생동안 단 하루도 학교를 다녀보지 않아서, 읽을 줄도 쓸 줄도 모릅니다. 심지어 성경도 읽지 못합니다. 저는 주일 학교도 가르칠 수 없습니다. 노래도 잘 못합니다. 저는 수년 동안 그냥 의자만 덥히면서 앉아 있었습니다.

그렇지만 저는 자주 이렇게 생각습니다. '내가 교회를 위하여 할 수 있는 일이 있다면 얼마나 좋을까?'

하루는 교회 주차장을 걸어가고 있었습니다. 그리고 나 자신과 주님에게 다시 이렇게 말했습니다. '내가 도울 일이 정말 없을까요?' 갑자기 하나님의 영이 저를 사로잡아 제가 할 수 있는 어떤 일을 보여주셨습니다. 성령께서 저에게 이렇게 말씀하셨습니다. '너는 정말 교회를 위하여 무엇인가 하기를 원하느냐?'

'네, 주님! 제가 할 수 있는 것을 보여주세요.'

주님께서 말씀하셨습니다. '너희 교회에는 관리인이 없다. 그래서 해긴 목사가 주로 모든 청소를 하고 있단다. 네가 가서 교회를 청소하고 그를 돕는 것이 어떻겠느냐?'

저는 주님께 말했습니다. '사랑하는 하나님, 제가 왜 그 전에는 그런 생각을 하지 못했을까요!'"

이 사람은 자기가 미국 대통령이라도 된 것처럼 자랑스러워 했습니다. 그의 얼굴은 내내 밝게 피어있었습니다. 나는 '만일 이 사람이 자신에게 열려진 문으로 들어가서 신실하게 그 일을 한다면, 그는 내가 신실하게 목회를 하였을 때 받는 것과 똑같은 보상을 받게 될 것이다!' 라고 생각했습니다.

여러분, 이것이 원칙입니다. 하나님께서는 우리의 '지위'에 따라서 상을 주시는 것이 아닙니다. 하나님께서는 우리의 '신실함'에 따라서 상을 주십니다.

하나님께서는 사람들의 직책이나 지위에 따라 상을 주시지 않으십니다. 하나님께서는 사람들이 역할을 수행하는 신실함에 따라 상 주시는 것입니다. 그러므로 단지 신실하기만 하십시오! 당신이 주님께 보여 달라고 구하기만 하면, 당신에게 열릴, 그리고 이미 열린 봉사의 문들이 보일 것입니다.

그 남자에게도 항상 봉사의 문이 열려 있었습니다. 단지 그가 보지 못했던 것입니다. 다시 말해, 봉사의 문은 항상 활짝 열려 있었지만, 성령님께서 일깨워 주시기 전까지 그는 그 문을 바로 옆에서 지나쳤던 것입니다.

그리고 나는, 기회의 문과 봉사의 문이 모든 믿는 자들을 향해 바로 지금 열려있다고 담대하게 말합니다! 주님께서 우리들의 눈을 열어 그것들을 볼 수 있게 하시기를 바랍니다. 하나님을 찬양합니다. 주님께서 우리를 위하여 열어놓으신 봉사의 문으로 들어갑시다. 우리가 주님께 순종할 때, 다른 사람들에게 복이 될 뿐만 아니라 우리가 축복을 받게 될 것입니다!

## 말(utterance)의 문

하나님께서는 우리가 주님을 섬기도록 또 어떤 다른 문들을 여실까요? 하나님 감사합니다. 하나님께서는 봉사의 문뿐만 아니라 말(utterance)의 문도 여십니다.

> 골 4:2,3
> 기도를 계속하고 기도에 감사함으로 깨어 있으라 또한 우리를 위하여 기도하되 하나님이 **전도할(utterance) 문을 우리에게 열어 주사** 그리스도의 비밀을 말하게 하시기를 구하라 내가 이 일 때문에 매임을 당하였노라

이 성경 구절들은 교회, 즉 믿는 자들에게 쓰여 졌다는 것을 명심하십시오. 바울은 기도를 '계속하라'고 말하고 있습니다.

당신이 단지 주님과 밋밋한 친교를 유지할 정도로만 기도하면, 잡다한 것들의 방해를 받기가 너무나 쉽습니다.

그러나 골로새서 4장 2절은 이렇게 말합니다. "기도를 계속하고 기도에 감사함으로 깨어 있으라." 성경에서 반복적으로 기도와 감사라는 주제가 연결되어 있다는 것에 주목하십시오.

왜 그럴까요? 당신이 믿음으로 기도한다면, 당신은 하나님께서 기도를 들으시는 것 뿐만 아니라 그 기도에 응답하실 것에 대해서도 미리 감사할 수 있기 때문입니다.

이제 골로새서 4장 3절에 특별히 주목하십시오. "또한 우리를 위하여 기도하되 하나님이 **전도할**(utterance) **문**을 우리에게 열어 주사…" 하나님께 감사드립니다. 하나님께서 전도의 문을 여십니다. 하나님께서는 확실히 바울을 위하여 많은 전도의 문을 여셨습니다. 그렇지요? 그리고 하나님께서는 당신을 위하여서도 전도의 문을 여실 것입니다. 당신이 구한다면 말입니다.

종종 사람들은 "나는 하나님의 담대한 증인이 될 수 없습니다"라고 말합니다. 그러나 그곳에 성령 세례가 임하면 됩니다. 성령님께서 당신에게 담대함을 주기 위해 충만함으로 임하십니다. 우리는 그것을 말씀에서 볼 수 있습니다.

> 행 1:8 (확대번역)
> 성령이 너희에게 임하시면 너희가 **권능** - **능력**, **역량**, **힘** - 을 받고… 땅 끝까지 -맨 마지막까지- 이르러 **내 증인이 되리라**

당신이 방언으로 말할 때, 그것은 성령님께서 초자연적으로 다른 방언을 말하도록 하시는 것입니다. 사도행전 2장 4절에는 이렇게 되어있습니다. "그들이 다 성령의 충만함을 받고 성령이 말하게 하심을 따라 다른 언어들로 **말하기를** 시작하니라."

이 사람들은 성령으로 충만함을 받고 조용히 있지 않았습니다. 그들은 큰 소리로 방언을 말했습니다. 그들은 초자연적인 언어(utterance)로 말했습니다.

당신이 성령 충만함을 받고 방언으로 말하기 시작하면, 성령님께서는 당신이 초자연적인 언어로 말할 수 있도록 당신의 혀를 풀어놓으십니다! 그 뿐 아니라, 성령님께서는 당신에게 권능을 주시고, 당신이 하나님의 증인이 될 수 있도록 전에 가지지 못했던 담대함도 주십니다.

나는 나의 집회에서 성령 세례를 받은 한 여성을 기억합니다. 성령 세례 받은 후, 그녀의 남편은 그녀에게 이렇게 말했었습니다. "당신에게 무슨 일이 일어 난거야? 당신이 완전히 다른 여자가 된 것 같아!"

그녀의 남편은 그리스도인이 아니었습니다. 그래서 성령 세례를 받기 전에 그녀는 교회 다니는 것을 거의 비밀로 했었습니다. 그녀는 주님에 대하여 말하는 것에 담대하지 못하였고, 삶에서 어떤 능력도 가지지 못한 것 같았습니다.

그녀는 "겁쟁이" 그리스도인이었습니다. 내가 이렇게 표현하는 의도를 알겠습니까? 어떤 사람이라도 그녀를 괴롭힐 수 있다는 뜻입니다. 그녀는 너무 소심해서 주님이나 그 자신을 전혀 변호하지 못했습니다. 그녀는 절대로 주님을 증언하지 못했고 심지어 주님에 대한 말조차 하지 못했습니다.

그들 부부는 남편이 원하는 것만 했습니다. 그러나 그 여자는 나에게 말했습니다. "성령으로 세례를 받았을 때, 하나님께서 저에게 담대함을 주셨어요. 하나님께서 내 혀를 풀어놓으신 것 같았고, 나는 하나님을 위하여 담대하게 말할 수 있었습니다. 나는 아주 다른 사람이 되었습니다!

나는 아주 담대해져서 남편에게 이렇게 말했습니다. '나 교회에 갈 거에요!' 성령 세례를 받기 전에는, 남편에게 교회 간다고 말할 만큼 담대하지 못했거든요."

그녀는 계속 말했습니다. "남편이 '그래, 가고 싶으면 가' 라고 말했어요."

그녀는 남편에게 말했습니다. "그럼요, 가고 싶어요. 그냥 가는 것뿐만 아니라, 교회에 재정적인 지원을 시작했으면 해요."

그녀의 남편은 부유한 사람이었습니다. 그는 돈이 많았고, 아내를 사랑했습니다. 그래서 그는 이렇게 말했습니다. "그래, 당신이 원한다면 헌금을 교회에 갖다 줘."

그리고 그는 아내에게 말했습니다. "무슨 일이야? 당신은 듣기 좋은 말만하고 소심한 사람이었잖아. 당신은 한번도 뭘 하고 싶다고 말한 적이 없었는데, 지금은 대담해졌어! 무슨 일이 일어 난거야?"

그녀는 말했습니다. "나는 성령 세례를 받았어요. 그리고 성령님의 능력이 내 인생을 바꾸어 놓았어요!"

성령을 받는다는 것이 우리의 인생에 얼마나 놀라운 변화를 일으키는지요! 성령님께서는 우리에게 말의 문을 여시고 담대함을 주십니다. 그는 우리의 혀를 풀어 놓으시고 하나님을 말할 수 있는 '거룩한' 담대함을 주십니다!

여러분, 예수님께서는 풍성한 영적 성장과 봉사와 말(utterance)을 위한 축복과 공급과 기회의 놀라운 문을 우리에게 열어 놓으셨습니다.

하나님께서 당신의 눈을 열어서 하나님의 아낌없는 축복과 기회의 문들을 볼 수 있게 하시기를 빕니다! 다른 사람들은 그들의 기회의 문을 알아보지 못하더라도, 당신은 하나님께서 당신을 위해 예비하신 것을 지나치지 않기를 바랍니다.

하나님의 열린 문에 믿음으로 담대하게 들어가십시오. 그리하면 놀라운 축복을 받을 것입니다. 하나님께서 여신 봉사의 문으로 들어가면 당신의 삶은 엄청나게 풍성해질 것입니다. 또한 당신의 순종은 사람들에게 복이 될 것입니다! 당신의 이해의 눈이 열려서 하나님께서 당신 삶에 주시는 놀라운 충만함을 알게 되기 바랍니다!

제 5 장
# 치유의 열린 문

예수님께서는 그의 백성을 위한 축복의 문들을 이미 열어 놓으셨습니다. 그는 구원의 문만 아니라, 치유의 문도 여셨습니다. 예수님께서 이 문을 여셨고, 누구도 그 문을 닫을 수 없습니다.

아시다시피, 이사야는 오실 구세주께서 우리의 연약함과 질병을 우리를 위하여 짊어지실 것이라고 이미 오래 전에 예언하였습니다. 이사야서 53장 4-5절에서 이런 예언을 했을 때 그는 미래를 보았던 것입니다.

> 사 53:4,5
> 그는 실로 우리의 질고를 지고 우리의 슬픔을 당하였거늘 우리는 생각하기를 그는 징벌을 받아 하나님께 맞으며 고난을 당한다 하였노라 그가 찔림은 우리의 허물 때문이요 그가 상함은 우리의 죄악 때문이라 그가 징계를 받으므로 우리는 평화를 누리고 **그가 채찍에 맞으므로 우리는 나음을 받았도다**

이사야는 새로운 언약에 대해 예언한 것입니다. 그 약속은 예수님께서 이 땅에 오셔서 우리 죄를 위한 희생 제물로 자신을 내어놓으시고 우리의 연약함과 질병을 짊어지셨을 때 성취되는 것이었습니다.

그리고 베드로는 치유의 언약에 대하여 말하면서, 갈보리 십자가에서의 예수님께서 희생이 되실 때 예수님의 등을 때린 채찍을 돌아보았습니다.

> 벧전 2:24
> 친히 나무에 달려 그 몸으로 우리 죄를 담당하셨으니 이는 우리로 죄에 대하여 죽고 의에 대하여 살게 하려 하심이라 그가 채찍에 맞음으로 너희는 나음을 얻었나니

이 구절에서 당신이 치유를 '받을 것'이라고 미래형으로 말하고 있지 않은 것에 주목하십시오. 이것은 당신이 치유를 '받았다'고 과거형으로 말하고 있습니다. 그것은 예수께서 갈보리 십자가에서 우리들의 죄와 질병을 짊어졌을 때, 하나님의 마음속에서는 당신이 이미 치유를 받았다는 뜻입니다.

그러므로 치유와 건강의 문은 당신에게 활짝 열려 있는 것입니다. 예수님이 열어놓으셨지만, 그 문으로 들어가는 것은 당신에게 달려 있습니다. 어떤 사람은 이렇게 묻습니다. "어떻게 당신은 치유의 문으로 들어갈 수 있습니까?" 하나님께서 그의 말씀에서 이미 말씀하신 것을 믿는 믿음으로 들어가는 것입니다!

예수께서는 어떻게 인류를 위한 치유의 문을 열어놓으셨습니까? 자신을 희생 제물로 드림으로써 하신 것입니다! 마태복

음 8장 17절은 말합니다. "…우리의 연약한 것을 **친히** 담당하시고 병을 짊어지셨도다!"

베드로전서 2장 24절도 말합니다. "친히 나무에 달려 **그 몸으로** 우리 죄[와 질병]를 담당하셨으니…" 예수님께서는 십자가에서 자신의 몸으로 우리의 죄뿐 아니라 질병까지도 담당하셨습니다. 예수님께서는 우리를 위한 치유의 문을 이미 열어 놓으신 것입니다!

치유의 열린 문은 당신이 들어오기만을 기다리고 있습니다. 다시 말해, 치유는 '지금' 당신에게 속해 있습니다.

생각해 보십시오! 당신은 어떻게 구원의 문으로 들어갈 수 있습니까? 예수님을 당신의 '구원자'로 받아들이면 됩니다. 그렇다면, 당신은 어떻게 치유의 문으로 들어갈 수 있습니까? 예수님을 '치료자'로 받아들이면 되는 것입니다. 당신은 하나님께서 성경에서 이미 말씀하신 대로 예수님을 당신의 구원자요 치료자로 받아들이면 됩니다.

하나님께 감사드립니다. 육신의 치유는 우리 주 예수 그리스도의 복음의 일부입니다!

나는 침례교회 신참 목사일 때부터 말씀에 있는 대로 신령한 치유에 대하여 설교하기 시작했습니다. 나 자신도 치유되어서 죽음의 병상에서 일어났었습니다. 나는 태어날 때부터 병이 있었고, 거의 17년 동안 다른 아이들처럼 달리거나 뛰면서 놀아보지 못했습니다.

나는 환자와 다름없이 지냈고, 15살에는 완전히 몸져누워

거의 16개월을 병상에서 보냈습니다. 다섯 명의 의사들이 고개를 저으며 이렇게 말했습니다. "너는 죽을 거야. 의학이 너에게 해줄 수 있는 것이 없다."

그래서 나는 수개월 동안 그냥 누워서 죽음을 기다리고 있었습니다. 누워서 죽어가는 동안, 나는 어두운 죽음 가운데서 천장만 빤히 바라보았습니다. 나는 치유의 열린 문을 찾고 있었습니다. 그러나 의학은 나에게는 열린 문이 없다고 말하고 있었습니다. 의사들은 나에게 "아무 것도 해줄 수 없다"고 말했습니다. 의사들에 의하면, 치유의 문은 나에게 닫혀있었던 것입니다.

그리고 나는 믿음 없는 목사들과 교단의 교회를 보았습니다. 그들은 마지막 사도가 죽었을 때 그가 치유의 문을 닫았다고 말했습니다. 그들은 이렇게 말했습니다. "치유는 오늘날 우리들을 위한 것이 아닙니다." 그러나, 하나님 감사합니다. 마지막 사도는 그 문을 닫지 않았습니다. 왜냐하면 예수님께서 열어 놓으신 문은 어떤 사람도 닫을 수 없기 때문입니다!

당신은 -성경을 제대로 모르는 신자들의 말처럼 - 마지막 사도가 죽을 때 치유의 문을 닫았다고 상상할 수 있겠습니까!

당신은 이런 장면을 그려볼 수 있겠습니까? 노인이 된 사도가 죽을 준비를 하고 천국으로 떠나려 합니다.

그러자 사람들은 갈팡질팡하기 시작하며 이렇게 말합니다. "우리는 아픈 사람들에게 빨리 가야 합니다. 이 사도가 죽고 나면 아무도 치유를 받을 수 없기 때문입니다. 우리는 서둘러서 병자들을 치유해야 합니다. 이 사도가 지금 치유의 문을 영원히 닫으려고 합니다!"

어떤 사람은 마지막 사도에게 다른 모든 사람들에 대한 치유의 문을 닫는 권세가 있었다고 말합니다. 참 어리석은 이야기입니다. 안 그렇습니까? 그런 것이 아닙니다. 사람은 치유의 문을 닫을 수 없습니다. 사도라고 해도 그 문을 닫을 수는 없습니다. 오직 예수님만이 닫으실 수 있습니다. 그러나 지금은 그 문을 활짝 열어놓으셨습니다!

## 당신의 치유에 대하여 하나님께서 어떻게 말씀하십니까?

내가 병상에 누워있던 십 대 시절, 내 안의 무엇인가가 나는 나을 수 있다고 말했습니다. 지적으로는 내가 치유될 수 있다는 것을 이해할 수 없었습니다. 왜냐하면 나의 생각은 종교적인 사고로 꽉 차 있었기 때문입니다. 내 생각은 사람의 전통으로 어지러웠습니다.

다시 말해, 나는 나의 상태에 대하여 사람들이 말하는 바는 알았지만, 하나님께서 '말씀하시는' 바에 대해서는 몰랐습니다! 사람들은 마지막 사도와 함께 치유는 끝났다며 나는 죽을 수밖에 없다고 말했습니다. 그러나 감사하게도, 나는 스스로 말씀으로 들어가서 '하나님'께서 치유에 대하여 하시는 말씀을 보았습니다.

나는 할머니의 감리교 성경을 혼자서 읽기 시작했습니다. 나는 치유의 문이 활짝 열려있는 것을 발견했습니다! 할렐루야! 나는 또한 예수님께서 열어놓으신 것은 어떤 사람도 닫을 수 없다는 것을 찾아냈습니다. 하나님께서는 치유와 건강의 문을 절대로 닫지 않으십니다. 오늘날에도 치유를 받아들이는 모든 사람들에게 문은 여전히 열려있습니다.

사람의 전통, "교회주의(churchianity)"는 나의 치유의 문을 닫으려고 하였습니다. 나는 다른 사람들과 말씀에 대하여 토론했습니다. 선한 교인들과 목사님들조차 내 치유의 문을 닫으려고 하였습니다. 그들은 이렇게 말했습니다. "아닙니다. 당신은 치유 받을 수 없습니다. 치유의 문은 이미 닫혔습니다. 완전히 닫혔습니다."

그러나 당신 자신이 치유에 대한 하나님의 말씀의 진리를 알게 되면, 누구도 당신의 치유의 문을 닫을 수 없습니다! 할렐루야! 나는 내가 그 활짝 열린 문을 발견한 것에 너무나 기뻐합니다!

내가 마침내 신유에 대한 계시를 받았을 때, 나는 미식축구 선수처럼 하나님의 말씀을 팔 밑에 꽉 끼고 치유에 대한 말씀과 함께 뛰기 시작했습니다. 나는 그 열린 문을 향해 달렸습니다.

오, 그렇습니다. 사람들이 나를 가로막고 중지시키려고 하였습니다. 모두가 그 문은 없다고 말했지만, 나는 믿음의 눈으로 그것을 볼 수 있었습니다!

하나님의 말씀의 진리를 가지고, 나는 터치다운을 하려는 선수와 같이 믿음 없는 사람들을 제치고, 의심과 불신앙을 쓰러뜨리면서 단호하게 달려 나가야 했습니다.

그러나 하나님께 감사드립니다! 나는 오래 전에 그 치유의 열린 문으로 뛰어 들어왔던 것입니다. 사람들이 닫혀 있다고 한 바로 그 문이 열려 있는 것을 나는 발견하였습니다. 예수께서 자신을 희생 제물로 하여 이미 열어 놓으신 것이었습니다. 나는 치유와 건강을 찾아냈습니다.

이제는 60년이 넘게 흘렀습니다. 그리고 나는 여전히 치유되었습니다! 그리고 그때부터 지금까지 나는 깡충거리고 뛰어다니면서 치유의 문은 여전히 열려 있다고 말하고 있습니다!

## 예수님이 해답이십니다

아시다시피, 의학이 사람들에게 도움이 되지 못하는 경우가 있습니다. 어떤 사람들은 주님의 치유하심을 기대해야만 합니다.

오해하지는 마십시오. 나는 의학으로 인해 하나님께 감사드립니다. 의사들을 주신 것도 감사드립니다.

사실 내가 치유되고 가장 처음 했던 일 중 하나는, 다섯 명의 담당의사 중 한 명이었던 R 선생을 찾아가는 것이었습니다.

나는 그와 악수를 나누고 말했습니다. "R 선생님, 저를 위하여 해주신 모든 일에 감사드립니다. 당신은 너무 훌륭하였습니다. 그래서 나는 선생님께 감사를 드리고 싶습니다." 그는 나를 치료하면서 한 푼도 받지 않았습니다. 그러나 그는 항상 나에게 도움을 주었습니다.

예를 들어, 내가 병상에 누워 있을 때 그분은 내게 이렇게 말하곤 했습니다. "애야, 언제든지 필요하면 식구들에게 내게 전화하라고 해라. 새벽 4시라도 내가 필요하다면 전화해. 그러면 내가 바로 오겠다."

그는 또 말했습니다. "너를 낫게 하는데 내가 할 수 있는 일이 아무것도 없구나. 어떤 의사도 너를 도울 수가 없다. 의학적으로 말하면 너는 죽게 될 거야. 하지만 내가 네 곁에 앉아 있는 것만으로 너에게 어떤 위로가 된다면, 나는 네 손을 잡고 너를 위로해 주겠다."

그리고 그분은 그가 한 말처럼 좋은 분이었습니다. 그분은 언제든 전화할 때마다 오셔서 나를 위로해 주셨습니다. 그래서 내가 그분께 감사를 드리고 싶었던 것입니다.

물론 내가 나은 것을 발견했을 때, 그는 "이것은 하나님의 기적이다!"라고 말했습니다.

나는 말했습니다. "그렇습니다. 이것은 하나님의 기적입니다. 하지만 나는 선생님께 정말 감사하다는 말을 하고 싶었습니다. 선생님께서는 제 곁에서 있는 그대로 말씀해주셨습니다. 의학적으로 말하면 아무 것도 할 수 있는 것이 없다고 알려주시고, 저에게 '얘야, 죽을 준비를 하거라' 라고 말씀하셨죠. 그러나 선생님께서는 시간을 내어서 저에게 도움을 주셨고, 또 위로해 주셨습니다."

나는 죽어서 구원받을 준비가 되어 있었습니다. 그러나 말씀으로 들어갔을 때, 나는 내가 죽을 필요가 없다는 것을 알게 되었습니다. 나는 사람들이 닫혔다고 말하던 치유의 문이 정말이지 활짝 열려 있다는 것을 발견하게 되었던 것입니다!

하나님께 감사드립니다. 성경은 "예수님께서 여신 것은 닫을 사람이 없다"라고 말합니다. 사도들도 그 문을 닫을 수 없었습니다. 왜냐하면 예수님이 여신 것은 어떤 '사람'도 닫을 수 없기 때문입니다. 그리고 어떤 교파도 그 문을 닫을 권리나 권세를 가지고 있지 않습니다. 치유와 건강의 문은 들어가기 원하는 모든 이에게 오늘날에도 여전히 열려 있는 것입니다.

예수님께서는 신령한 치유의 문뿐만 아니라, 신령한 건강의 문도 열어 놓으셨습니다. 무슨 말입니까? 하나님께서는 단지 우리가 아플 때 낫기를 바라시는 것이 아니라, 항상 건강하게 지내기를 원하신다는 것입니다. 나는 예수님께서 우리를 구원하실 수 있을 뿐 아니라 치유하실 수도 있다는 것을 믿습니다!

우리가 건강하게 지낼 수 있는 방법은 하나님과 매일 가깝게 동행하고 그와 그의 말씀과 함께 친밀한 교제를 유지하는 것입니다. 그러다 만약 치유가 필요하다면, 하나님께 나와서 치유를 받으십시오. 예수님께서는 지금도 구세주이시며, 지금도 치유자이시기 때문입니다.

## 하나님께서는 용서하시고 치유하십니다

오래 전에 시편 기자는 하나님께서 용서와 치유를 '모두' 주신다고 말했습니다. 그러므로 용서하심과 치유의 문은 이미 우리에게 열려 있습니다.

> 시 103:2,3
> 내 영혼아 여호와를 송축하며 그의 모든 은택을 잊지 말지어다
> **그가 네 모든 죄악을 사하시며 네 모든 병을 고치시며**

하나님께서 우리의 모든 죄악과 잘못을 용서해 주실 뿐만 아니라 우리의 모든 병도 고치신다는 것입니다. 그래서 만약 치유가 필요하면, 우리는 예수님께서 이미 우리에게 주신 것으로 사용할 수 있습니다. 그리고 더 좋은 것은, 우리가 예수님과의 달콤한 교제 가운데 있기만 하면, 자연히 치유와 건강 가운데 있게 된다는 것입니다.

내가 처음으로 신유를 전파하기 시작했을 때, 나 이외에 이것을 믿는 다른 사람은 내 주변에 아무도 없었습니다. 나는 내가 아무도 믿지 않는 것을 발견했다고 생각했었습니다.

나는 열여덟 살에 처음으로 목회를 시작했습니다. 나는 목회를 하기로 하고 열아홉 살이 되기 바로 직전에 목사로서 첫 설교를 했습니다.

나는 나 외에는 치유를 전파하는 사람을 아무도 몰랐습니다. 나는 후에 치유를 전파하는 여러 사람이 있다는 것을 알게

되었지만, 당시에는 아무도 내가 치유를 전하는 것을 격려하지 않았습니다. 사실 모든 사람들이 나에게 반대하고 나를 단념시키려고 하였습니다.

실제로, 내가 속했던 교단에서는 이렇게 말했습니다. "당신이 치유 문제에 있어서 조금만 뜻을 굽힌다면 우리는 당신에게 목사 안수를 하겠습니다. 당신이 원하면 기도에 대하여 설교를 하십시오. 하나님께서 그의 뜻에 따라서 우리들의 기도를 들으시고 응답하신다고 설교를 하십시오. 하지만 치유 문제에 대해서는 조금만 뒤로 물러서십시오. 그러면 우리는 당신에게 목사 안수를 하겠습니다."

나는 이렇게 말했습니다. "아닙니다. 나는 치유를 설교하는 것에 관해서 물러서지 않겠습니다. 나는 오히려 더욱 이 문제에 대하여 설교를 할 작정입니다."

나는 치유에 대한 설교는 공개적으로 하고 치유기도는 개별적으로 했습니다. 그러나 나는 공개적인 치유 모임을 가질 마음이 있었습니다. 그 당시에는 공개적인 치유 모임이 많지 않았습니다. 그러나 나는 사도행전과 사복음서에서 예수님과 그의 제자들이 공개적인 치유 모임을 가졌던 것을 보았습니다.

그리고 1937년, 나는 성령으로 세례를 받고 다른 방언으로 말하게 되었습니다. 그 당시 성령 충만함을 받는 것은 지금처럼 흔한 일이 아니었습니다.

그 당시에는 방언을 말하면 자동적으로 교단의 주류에서 쫓겨났습니다. 그래서 나는 나의 교단의 교회들로부터 배척을 받게 되었고, 그래서 나는 우리 교단을 초월하여 오순절 교단의 사람들과 제휴하게 되었습니다.

나는 오순절 사람들이 신유에 대하여 설교한다는 것을 알게 되었습니다. 그래서 나는 치유에 대한 말씀을 설교하기를 멈추지 않았습니다. 나는 치유에 대해 하나님의 말씀이 말하고 있는 진리에 대하여 더욱더 설교하기 시작했습니다.

그래서 연례회의나 구역집회, 친교집회, 혹은 청년집회 등에서 나는 같은 지역의 다른 목사들보다 더 많이 설교하게 되었던 것 같습니다. 아시다시피, 나는 노래도 못하기 때문에 목사들이 뭔가를 부탁할 때는 설교를 해달라고 할 수밖에 없었던 것입니다. 나는 항상 믿음과 치유에 대하여 설교를 하곤 했습니다.

종종 사람들이 나에게 물었습니다. "왜 당신은 항상 믿음과 치유에 대하여 설교를 하십니까? 다른 것에 대하여서는 알지 못하십니까?"

나는 이렇게 대답하곤 했습니다. "물론 알지요. 우리 교회 교인들에게 물어보십시오. 나는 우리 교회에서 항상 믿음과 치유에 대하여서만 설교하지는 않습니다. 하지만 그것이 성경에 있기 때문에 나는 믿음과 치유에 대해 설교를 하는 것입니다.

그리고 친교집회와 청년집회에서 믿음과 치유에 대하여 설교하는 이유는 내가 십 대 시절 치유에 대한 진리를 보았던 것과 같이 젊은 사람들이 치유에 대한 진리를 보고 그 빛 가운데 행하기를 바라기 때문입니다. 그리고 만약 내가 그것에 대해 설교하지 않는다면, 그들은 들을 기회가 없습니다. 왜냐하면 당신들이 그것들에 대해 설교를 하지 않으니까요."

대부분의 사람들이 "정말 맞습니다"라고 말했습니다.

심지어 순복음 교회의 목사들도 이렇게 말했습니다. "치유는 그렇게 중요하지 않습니다. 주 예수님과 제자들에게 있어서 치유는 그냥 부차적인 주제였습니다."

그러나 만약 당신이 성경을 살펴본다면, 예수님과 그의 제자들이 치유에 대하여 가르치고 설교를 했을 뿐만 아니라, 치유집회를 자주 열었던 것을 발견할 수 있을 것입니다.

게다가 만약 당신이 죽어가고 있다면 치유는 부차적인 문제가 아닙니다! 만약 당신이 아프고 치유가 필요하다면 치유는 부차적인 문제가 아닌 것입니다!

내가 가졌던 한 집회에서 한 목사는 "치유는 신약에서 그냥 부차적인 문제였습니다"라고 매일같이 나에게 말했습니다. 마침내, 나는 한 예배에서 치유가 성경의 주된 주제였다는 것을 보여주었습니다.

나는 말했습니다. "만일 신약에서 치유가 그냥 부차적인 문제였다면 예수님께서는 공생애의 사분지 삼을 부차적인 문제로 보낸 것입니다. 왜냐하면 그는 가는 곳마다 사람들에게 치유를 가르치고 그들을 고치셨기 때문입니다"(마 14:14; 눅 6:17-19).

그리고 이어서 말했습니다. "만일 사도들에게 치유가 그냥 부차적인 문제였다면 사도행전에서 사도들은 이 주변적인 문제로 그들 시간의 대부분을 보낸 것입니다."

> 행 5:12,16
> 사도들의 손을 통하여 민간에 **표적**과 **기사**가 많이 일어나매 믿는 사람이 다 마음을 같이하여 솔로몬 행각에 모이고
> 예루살렘 부근의 수많은 사람들도 모여 **병든 사람과 더러운 귀신에게 괴로움 받는 사람을 데리고 와서 다 나음을 얻으니라**

만일 치유가 그저 부차적인 문제였다면 빌립은 사마리아에서 이 부차적인 문제에 그의 대부분의 시간을 낭비한 것입니다.

> 행 8:5-7
> 빌립이 사마리아 성에 내려가 그리스도를 백성에게 전파하니 무리가 빌립의 말도 듣고 행하는 **표적**도 보고 한마음으로 그가 하는 말을 따르더라 많은 사람에게 붙었던 더러운 귀신들이 크게 소리를 지르며 나가고 또 많은 중풍병자와 못 걷는 사람이 **나으니**

그 목사는 내가 설교하는 중에 벌떡 일어나서 말했습니다. "여러분, 해긴 목사는 나를 갈아엎어 버렸습니다. 그는 하나님의 말씀으로 나를 갈아엎었습니다." 그것은 텍사스 토박이 표현으로 내가 그의 모든 주장을 반박하였다는 뜻입니다.

그리고 이 목사는 이렇게 말했습니다. "내가 틀렸었습니다. 나는 복음에서 치유는 부차적인 문제라고 말했었습니다. 하지

만 지금 나는 이것이 부차적인 문제가 아니었다는 것을 알게 되었습니다. 이것은 주된 주제였던 것입니다." 복음의 기차는 두개의 철로 위로 달립니다. 바로 새로운 탄생과 신유입니다!

P. C. 넬슨은 순복음 교단의 목사로서 사우스웨스턴 성경학교를 세우신 분입니다. 그는 32개의 언어를 읽고 쓸 수 있었고 희랍어와 히브리어의 최고 전문가였습니다.

젊은 목사였을 때, 우리들은 그를 "넬슨 아버지(dad)"라고 불렀습니다. 그가 한번은 이렇게 말했습니다. "신유는 주 예수 그리스도의 복음의 일부이고 부분입니다. 하나님께서 합쳐 놓은 것을 사람이 나눌 수 없습니다."

하나님을 찬양합니다! 예수님께서 우리들을 위하여 치유의 문을 열어 놓으셨습니다. 내가 만일 치유의 문으로 들어가는 것을 배우지 못했다면 나는 지금 살아 있지 못했을 것입니다.

우리는 하나님께서 우리가 그 문을 통과하여 치유를 받도록 하기 위해 또 다른 방법을 주신 것을 말씀에서 바로 찾아볼 수 있습니다.

마가복음 16장 17-18절에서 예수님은 이렇게 말씀하였습니다. **"믿는 자들에게는 이런 표적이 따르리니 곧 그들이 내 이름으로 … 병든 사람에게 손을 얹은즉 나으리라…"**

누구에게 표적이 따릅니까? 믿는 자들에게 입니다. 표적이란 어떤 것들 입니까? 표적 중의 하나가 믿는 자들이 병든 자에게 손을 얹은즉 그들이 낫는 것입니다! 그러므로, 안수는 치유의 문으로 들어가는 방법 중의 하나입니다.

## 당신을 위한 치유의 문으로 스스로 들어가십시오

지금 내가 말하려는 것을 주의해서 들으시기 바랍니다. 나는 당신을 위한 치유의 문으로 들어갈 수 없습니다. 당신이 나를 위한 치유의 문으로 들어갈 수 없는 것과 마찬가지입니다.

그렇지만 나는 당신의 믿음과 신앙에 영감을 주어서 당신 스스로 그 문으로 들어가도록 할 수는 있습니다. 특별히 치유에 관한한 이것은 확실합니다. 하지만 이것은 예수님께서 당신을 위하여 열어 놓은 다른 어떤 약속이나 공급의 문으로 들어가는 것에도 적용됩니다.

열여덟 살 나이에 교통사고로 부상을 당한 젊은 여성이 있었습니다. 그녀는 목과 등 두 군데가 부러졌고 의사들은 그녀가 다시는 걷지 못할 것이라고 했습니다. 2년간 병원에서 다양한 물리치료를 받은 후, 결국 그녀는 목발을 짚고 한번에 3,4m 정도 갈 수 있게 되었습니다.

그녀가 나의 집회에 왔을 때는 그녀는 스물여덟 살이었습니다. 누군가 그녀를 안고 교회에 와서 의자에 앉도록 도와주었습니다. 나는 그녀를 집회 내내 보았습니다. 그러나 그녀는 치유받기 위해 나와서 줄에 서지 않았습니다. 그러던 어느 날, 드디어 그녀가 내게 물었습니다. "해긴 목사님, 누가 나의 치유를 위하여 믿음을 가지는 것입니까? 나입니까, 목사님입니까?"

내가 대답했습니다. "우리 둘 다입니다. 내가 믿음이 있어야 당신의 치유를 위하여 예수님의 이름으로 안수를 할 수 있습니다. 그리고 당신에게도 치유받기 위한 믿음이 있어야 합니다."

그녀가 말했습니다. "그렇군요. 만약 내가 믿어야 하는 거라면, 포기하겠어요." 그 이후, 그 여자는 더 이상 집회에 오지 않았습니다.

2년 후에 나는 같은 교회에서 또 집회를 했습니다. 그런데 그 여성이 밤낮으로 참석하여 설교를 듣고 있었습니다. 그리고 두 번째 주 금요일 저녁에 그녀는 목발을 짚고 앞으로 나와서 치유기도 줄에 섰습니다.

나는 그녀를 기억하고 있었으므로, 그녀에게 이렇게 말했습니다. "드디어 오셨군요."

그녀가 말했습니다. "예, 나는 치유받기 위해 왔습니다. 그리고 나는 치유를 받을 것입니다. 그냥 나에게 손을 얹기만 하세요."

그녀가 이전에 했던 말과는 얼마나 다릅니까! 아시다시피, 전에 그녀는 나의 믿음에 자신을 맡기려고 했었습니다. 그러나 2년 후 다시 돌아온 그녀는 '스스로' 치유의 문으로 들어갈 준비가 되어있었던 것입니다.

나는 나의 손을 뻗어서 단지 그녀의 이마를 살짝 스치고 지나갔습니다. 나는 어떤 말도 하지 않았습니다. 그녀는 두 손을 들고 자신의 치유를 위하여 하나님을 찬양하기 시작하였습니다. 그녀는 완전히 치유되어서 목발을 내동댕이치고 걸어 나갔습니다. 하나님께 영광을 돌립니다!

그 집회는 2주 더 계속되었습니다. 그리고 그녀는 두 블럭 떨어진 집에서 교회까지 걸어서 왔다 갔다 하며 매일 두 번 예배에 참석하였습니다!

치유받기 전에는 수년 동안 누군가가 그녀를 차에 태워와야만 했습니다. 그리고 그들은 교회 옆문에서 그녀를 들어서 옮기고 의자에 목발과 함께 앉혀야만 했습니다.

그러나 스스로 치유의 문으로 걸어 들어가자마자, 그녀는 완전히, 100% 치유되었습니다! 그래서 그녀는 교회에도 스스로 걸어올 수 있었고, 원하는 어디든지 갈 수 있게 된 것입니다!

그것은 2년 전에도 일어날 수 있었던 일입니다. 그러나 나는 나만의 믿음으로는 그녀를 치유할 수 없었습니다. 그녀는 스스로 자진하여 치유의 문을 통과해야만 했습니다.

사랑하는 여러분, 당신과 나도 마찬가지입니다. 치유, 구원, 말, 봉사 혹은 그 무엇이라도 하나님께서 우리에게 주신 문에는 우리 각자가 스스로 들어가야만 하는 것입니다.

물론 우리는 서로 도울 수 있습니다. 예를 들어, 다른 신자가 당신의 치유를 위하여 기도로 협력할 수 있습니다. 다른 사람들도 그들의 믿음으로 당신과 협력할 수 있습니다. 그리고 그들은 당신의 믿음에 영감을 주는 일로 도울 수도 있습니다.

하지만 그들이 당신을 위한 치유의 문에 들어갈 수는 없습니다. 예수님도 당신을 위하여 그 문에 들어갈 수 없었습니다. 예수님께서는 이렇게 말씀하셨습니다. "볼지어다 내가 **네 앞에** 열린 문을 두었으되…"(계 3:8).

다른 말로 하면 예수님은 이렇게 말씀하고 계시는 것입니다. "나는 나의 할 일을 하였다. 나는 벌써 값을 지불하였다. 그리고 나는 너를 위하여 문을 열어 놓았다. 이제 그 문을 통과하는 것은 '너'에게 달렸다." 같은 구절에서, 예수님은 이렇게 덧붙이셨습니다. "…능히 닫을 사람이 없으리라!"

## 당신은 당신의 치유의 문을 닫을 수 있습니다

우리는 예수님께서 문을 열고 닫으시는 분이라는 것을 이미 잘 알고 있습니다. 그러나 당신이 열린 문으로 들어가지 않는다면, 실제로는 당신이 바로 그 축복으로 가는 문을 닫고 있는 것과 같습니다.

당신은 당신에게 열린 치유의 문을 닫을 수 있습니다. 그리스도 안에서 당신에게 속한 권리를 빼앗기는 단 하나의 방법은 잘못된 삶을 살고, 잘못된 행동을 하는 것입니다.

우리는 성경에서 그 예를 볼 수 있습니다. 바울은 육신이 멸해지도록 사탄에게 넘겨진바 된 고린도 교회의 한 성도에 대해 말하고 있습니다. 그가 죄에서 돌이켜 회개하려고 하지 않았기 때문입니다.

그 사람은 그의 아버지로부터 의붓어머니를 취하여 그녀와 함께 동거하고 있었습니다. 결혼하지 않고 이성과 함께 사는 것은 죄입니다. 이 사람은 그의 의붓어머니와 함께 살고 있었습니다!

오늘날 우리는 부도덕이 용인되는 문란한 사회에서 살고 있습니다. 그러나 결혼하지 않고 이성과 함께 사는 것은 죄이며, 신자들이 그런 행위를 하면 결국 하나님의 심판을 받게 될 것입니다.

신자들이 주의 깊게 자신의 죄와 잘못된 행위를 판단하지 못하면 결국 스스로를 사탄에게 넘겨주는 결과를 초래할 것입니다. 그들은 자신에게 속한 하나님의 축복에 대한 권리를 상실하게 되는 것입니다.

바울은 고린도 교회가 이 상황에 대해 아무 조치도 가하지 않았다는 것에 대하여 놀랐다고 말합니다.

> 고전 5:1-5
> 너희 중에 심지어 음행이 있다 함을 들으니 그런 음행은 이방인 중에서도 없는 것이라 누가 그 아버지의 아내를 취하였다 하는도다 그리하고도 너희가 오히려 교만하여져서 어찌하여 통한히 여기지 아니하고 그 일 행한 자를 너희 중에서 쫓아내지 아니하였느냐 내가 실로 몸으로는 떠나 있으나 영으로는 함께 있어서 거기 있는 것 같이 이런 일 행한 자를 이미 판단하였노라 주 예수의 이름으로 너희가 내 영과 함께 모여서 우리 주 예수의 능력으로 이런 자를 사탄에게 내주었으니 이는 육신은 멸하고 영은 주 예수의 날에 구원을 받게 하려 함이라

이 사람은 자신이 범하고 있는 죄에 대하여 스스로 판단하지 않았습니다. 그래서 주님께서 그를 심판하셔야만 했습니다. 그는 육신은 멸하고 영은 주님의 날에 구원을 받도록 사탄

에게 넘겨진바 되었습니다. 나중에 그는 회개하고 주님과 옳은 관계를 가졌습니다(고후 2:6-8). 사람의 육신이 파괴되는 것은 하나님께 최선이 아닙니다. 그렇지만 그가 지옥에 가는 것 보다는 낫습니다.

고린도전서 11장에서 바울은 교회에서의 질병의 문제에 대하여 다루고 있습니다. 그는 성찬에 대하여 말하면서 믿는 자들이 자신들을 잘 살펴야 한다고 말하고 있습니다. 믿는 자들이 스스로의 죄를 판단한다면, 그들은 주님의 심판을 받지 않을 것입니다.

고전 11:26-30
너희가 이 떡을 먹으며 이 잔을 마실 때마다 주의 죽으심을 그가 오실 때까지 전하는 것이니라 그러므로 누구든지 주의 떡이나 잔을 합당하지 않게 먹고 마시는 자는 주의 몸과 피에 대하여 죄를 짓는 것이니라 **사람이 자기를 살피고** 그 후에야 이 떡을 먹고 이 잔을 마실지니 **주의 몸을 분별하지 못하고** 먹고 마시는 자는 자기의 죄를 먹고 마시는 것이니라 그러므로 너희 중에 약한 자와 병든 자가 많고 잠자는 자도 적지 아니하니

바울은 말했습니다. "그러므로 너희 중에 약한 자와 병든 자가 많고 일찍 죽는 자가 많으니." 이것은 교인들, 즉 믿는 자들이 수를 다하지 못하고 죽는 것을 말하고 있습니다! 그들의 영은 주님과 함께 있도록 갔습니다만, 그들의 몸은 무덤 속에 있습니다.

믿는 자들은 수를 다하지 못하고 죽어서는 안 됩니다. 그것

은 하나님의 최선이 아닙니다. 무엇이 믿는 자들을 약하게 하고 병들게 하며 일찍 죽게 하는 것입니까? 그들이 스스로 살피지 않기 때문입니다. 그들이 스스로의 죄를 판단하지 않기 때문입니다. 그들이 죄에 대하여 자신들을 판단하지 않는 것입니다. 그들은 자신들이 그리스도의 몸에 대하여 사랑으로 행하고 있는 지에 대해 판단하지 않았습니다. 또한 주님의 피와 몸을 마시고 먹는 일에 합당한 태도로 참여하고 있는지 스스로를 살피지 않았습니다.

믿는 자들은 약하거나 병들어서는 안 됩니다. 그렇지만, 믿는 자가 약하고 병이 들고 일찍 죽는 또 다른 이유는 그들이 주님의 몸을 옳게 분별하지 못하기 때문입니다.

주님의 몸을 분별하는 것은 두 가지 측면에서 적용할 수 있습니다. 첫째, 믿는 자들은 성찬에서 그들이 먹는 빵이 우리의 육체적인 생명과 치유를 위하여 찢겨진 예수님의 몸을 상징한다는 것을 분별해야 합니다. 예수께서 채찍에 맞음으로 그들이 나은 것입니다(벧전 2:24).

둘째, 믿는 자들은 주 예수 그리스도의 몸이 영적인 몸이라는 것을 분별해야 합니다. 각 지체, 즉 그리스도의 몸은 주 안에서 하나입니다. 그러므로 믿는 자가 주위 사람에게 사랑으로 행하지 않는다면 결국은 주님은 그들을 심판하실 것입니다.

결국, 성경은 우리들이 스스로를 판단하지 않는다면 주님께서 우리를 심판하실 것이라고 말하고 있는 것입니다. 사실상 우리는 우리 자신의 죄와 불순종으로 인하여 스스로를 주님의 심판을 향해 열어놓고 있는 것입니다.

사랑으로 행하지 않고 우리 자신을 판단하지 않음으로, 많은 믿는 자들이 약하고 병이 들며 때가 되기 전에 죽을 수 있습니다. 주님께서 그것을 허락하셨습니다. 그래서 세상으로부터 저주를 받지 않도록 하신 것입니다.

## 하나님께서 죄를 심판하십니다

나는 놀라운 치유의 부흥을 기억합니다. 1947년부터 1958년까지 미국에 치유의 물결이 몰려 왔습니다. 그때는 사람들을 치유하는 일이 세상에서 가장 쉬운 일인 것 같았습니다.

실제로 어떤 부흥사들은 나에게 이렇게까지 말했습니다. "해긴 목사님, 이 치유의 부흥이 일어나기 전에는 나는 아픈 사람을 위해서 기도하지 않았습니다. 그것이 나의 부르심이라고 느껴지지 않았던 것입니다. 하지만 치유의 부흥이 일어난 동안에는 나는 병자들에게 안수를 하기 시작하였습니다. 그리고 정말 놀라운 성공을 경험하게 되었습니다."

그들은 성경이 '모든' 믿는 자들에게 준 의무라는 측면에서, 병자들에게 안수하는 것은 '이미' 그들의 부르심이었던 것을 몰랐던 것입니다. 대사명(Great Commission)에는 이렇게 나와 있습니다. "…병든 자에게 손을 얹은 즉 나으리라" (막 16:18).

그렇지만 그 당시에는 놀라운 치유의 기름부음이 있었습니다. 그리고 믿음으로 그 기름부음을 사용하면, 많은 사람들이 치유를 받았습니다. 같은 원리가 자연계에서도 적용됩니다.

예를 들어, 자연계에서 바람이 특정한 방향으로 불 때 당신이 공중에 종이를 던진다면 그것은 바람을 타고 날아갈 것입니다.

이것은 영적인 영역에서도 마찬가지인 것입니다. 만약 당신이 하나님의 영이 특정한 방향으로 움직일 때 그와 함께 간다면, 당신은 성공을 경험할 것입니다. 우리는 성령님께서 문을 여실 때 그분과 함께 움직여야 합니다! 그러나 놀라운 치유들이 일어나던 이 위대한 부흥기 동안에도, 어떤 사람들은 죄와 잘못된 행위로 인해 치유의 열린 문으로 들어갈 그들의 권리를 상실하였습니다.

예를 들어 나는 한 부흥사의 집회에서 내가 본 중 가장 놀라운 치유들을 보았습니다. 나는 다섯 명의 귀머거리와 벙어리들이 완전히 치유를 받는 것을 보았습니다. 또한 절름발이들이 순간적으로 치유되어 휠체어에서 일어나 걸어 나가는 것도 보았습니다.

그러나 이 모든 놀라운 치유에도 불구하고 하나님께서는 내게 이렇게 말씀하셨습니다. "너는 저 부흥사에게 가서 그가 자신을 판단하지 않는다면 얼마 살지 못할 것이라고 말해라. 그가 가장 먼저 스스로를 판단해야할 것은 주변 사람들에게 사랑으로 행하는 것이다."

그는 서른다섯 살이었습니다. 그는 자신을 판단하지 않았고, 서른여덟 살이 되었을 때 죽었습니다.

그리고 어떤 사람들은 이렇게 말했습니다. "그것 봐, 이건 치유가 모두를 위한 것이 아니란 뜻이지."

그러나 그것은 한마디로 사실이 아닙니다! 예수님께서는 자신을 희생하심으로 모든 사람들에게 치유의 문을 열어놓으셨습니다. 그 문은 '활짝' 열려 있습니다. 하지만 사람들이 사랑으로 행하지 않고 합당하게 살지 않으면 하나님의 약속과 계획에 대한 그들의 권리를 상실할 수 있는 것입니다.

그러므로 사랑으로 행하고 자신을 판단하는 것은 훨씬 더 좋은 일입니다. 그러면 당신은 주님으로부터 심판을 받지 않고, 치유의 열린 문으로 들어갈 수 있게 될 것입니다.

당신이 의심이나 불신앙, 혹은 사랑으로 행하지 못하는 죄 때문에 예수님께서 열어 놓으신 문으로 들어가지 못하면, 사실상 당신은 그 문을 스스로 닫고 있는 것입니다. 당신은 하나님의 놀라운 축복과 계획과 약속의 문으로부터 스스로를 분리하는 것입니다.

예수님은 여시는 분입니다. 그리고 그분은 당신을 위하여 문을 열기 위해 일하고 계십니다! 예수님께서 여신 문을 스스로 닫아버리지 마십시오! 죄와 불신앙으로 주 예수 그리스도께서 당신의 삶에서 하시는 일을 방해하는 잘못을 범하지 마십시오.

당신이 하나님의 열린 문을 보고 알 수 있도록 도와주시는 성령님을 믿으십시오. 당신은 하나님께서 이미 당신을 위하여 열어놓으신 문으로 들어갈 수 있습니다! 기억하십시오, 하나님께서 여신 문은 어떤 사람도 닫지 못합니다.

실제로 당신이 당신에 대한 하나님의 축복의 문을 닫을 수 있는 단 한 사람입니다. 하나님께서 당신을 위하여 아낌없이 열어놓으신 문을 당신이 불순종함으로 닫아버린다면 얼마나 애통한 일입니까!

그러므로 믿음과 순종으로 각 문으로 걸어 들어가서 하나님께서 당신을 위하여 넘치도록 준비한 것을 받으십시오. 치유도 함께 말입니다. 당신의 삶이 그리스도 안에서 하나님의 풍성한 유산의 간증이 되게 하십시오. 그러면 당신은 어디에서든 하나님의 축복을 담대하게 선포할 수 있을 것입니다!

## 제 6 장
# 하늘 문

이전 장에서 나는 두 개의 성경적인 진리를 강조하였습니다. 첫째, 그리스도께서는 우리 삶에서 축복의 문을 여는 권한을 위임받은 분입니다. 둘째, 그러한 축복을 받는 것에는 우리가 해야 할 역할도 있습니다.

이 두 가지의 성경적인 진리를 가르치는데 있어서, 나는 말씀으로부터 수많은 상징적인 문을 언급했습니다. 그렇지만 본질적으로 진리는 같은 것입니다. 하나님께서는 우리 삶에 축복의 문들을 열기 원하시고, 우리는 그러한 축복들을 믿음으로 받아야 합니다.

그러나 이 장에서는 하나님의 축복과 관련하여 성경에 언급된 다른 형태의 문, 즉 하늘 문(Windows of Heaven)에 대하여 이야기할 것입니다. 비록 이 문의 상징이 이전에 다루었던 것들과 조금 다르더라도, 진리는 근본적으로 같습니다.

말 3:10,11
만군의 **여호와가** 이르노라 너희의 온전한 십일조를 창고에 들여 나의 집에 양식이 있게 하고 그것으로 나를 시험하여 내가 하늘 문을 열고 너희에게 복을 쌓을 곳이 없도록 붓지 아니하나 보라 만군의 **여호와**가 이르노라 내가 너희를 위하여 메뚜기를 금하여 너희 토지 소산을 먹어 없애지 못하게 하며 너희 밭의 포도나무 열매가 기한 전에 떨어지지 않게 하리니

NIV 성경은 10절을 이렇게 말하고 있습니다. "…내가 하늘의 수문을 열어서 너희가 쌓을 공간이 없도록 많은 축복을 부어 주지 않는지 보아라."

주님께서는 하늘의 수문을 여는 분이십니다. 그러나 우리가 삶에서 그 축복들을 받는 것에는 우리가 해야 할 역할이 있는 것입니다.

어떻게 해야 하나님께서 하늘 문을 우리에게 여실까요? 우리의 십일조를 하늘 창고에 들여야 합니다. 그것이 10절에 전반부에 언급된 조건입니다. "너희의 온전한 십일조를 창고에 들여 나의 집에 양식이 있게 하고…"

십일조를 드리는 것과 축복 받는 것은 서로 연관이 있습니다. 그러나 당신이 먼저 당신의 역할을 해야 합니다. 당신이 온전한 십일조를 창고에 들여야 하는 것입니다.

그런데 어떤 사람들은 하나님께서 이렇게 말씀하셨다고 생각하는 것 같습니다. "온전한 십일조를 창고에 들여라. 그리하면 너희에게 겨우 그럭저럭 살만큼 줄 것이다. 하늘 문이 닫힐 것이고, 너희들은 거의 굶어 죽게 되고 너희 자녀들도 굶주리게 될 것이다."

아닙니다! 하나님께서는 그렇게 말씀하시지 않았습니다! 하

나님께서는 우리들을 충만하게 축복하시겠다고 말씀하셨습니다. 하나님께서는 그의 축복을 받을 공간이 부족할 정도로 많이 우리를 축복하시겠다고 약속하셨습니다.

말라기 3장 10절은 하늘 문을 열기 위해서 '당신'이 해야 할 역할이 있다고 말합니다. 그것이 무엇입니까? 십일조와 헌금을 드리는 것입니다. 하나님께서는 십일조에 대해서 그분 자신을 시험해보라고 말씀하셨습니다. 이것은 하나님께서 그 자신과 자신의 말씀을 시험해보라고 하시는 유일한 성경 구절입니다.

이것이 당신 삶에 축복이 부어지게 하는 방법입니다. 그러나 하나님께 십일조를 드리지 않음으로 인해, 사실상 당신은 하나님께서 당신에게 열어주고자 하시는 하늘 문을 닫을 수 있습니다.

하나님의 축복을 받는 방법과 하늘 문에 대한 이야기를 계속 하기 전에, 예수님께서 이미 "우리 앞에 두신" 공급의 "열려 있는" 문들과 예수님께서 계속 '열고 계시는' 문들 사이의 차이점에 대하여 이야기했으면 합니다.

나는 주님께서 그의 구속하심을 통하여 이미 열어놓으신 문의 상징으로서 '열려 있는' 공급의 문을 말했습니다. 하나님의 공급의 열린 문은 받아들이는 모든 믿는 자들에게 유효합니다. 왜냐하면 그리스도께서 모든 일을 마치셨기 때문입니다. 예수께서 십자가에서 모두 성취하셨으므로 이 모든 공급들은 믿는 자들에게 속해 있는 것입니다. 다시 말해, 열려 있는 문은 하나님께서 그의 위대한 대속으로 인해 그리스도를 통하여 우리에게 주신 모든 것을 나타냅니다. 그러므로 공급의 문은 열려 있는 문입니다.

우리가 이미 이야기 했던 공급의 열린 문 두 개는 구원과 치유의 문이었습니다. 그러나 우리의 속량의 공급에는 재정적 축복 또한 포함되어 있습니다.

우리는 이것들을 성경에서 볼 수 있습니다. 갈라디아서 3장 13절에 의하면 "그리스도께서 우리를 위하여 저주를 받은바 되사 율법의 저주에서 우리를 속량하셨으니…"라고 되어있고, 신명기 28장을 읽으면 율법의 저주는 영적인 죽음과 육신의 죽음만 말하는 것이 아니라 가난도 포함하고 있는 것을 알 수 있을 것입니다. 이것은 우리가 가난의 저주에서도 속량되었음을 뜻하는 것입니다.

또한 갈라디아서 3장 14절과 29절은 예수님께서 우리가 아브라함의 축복과 약속을 받을 수 있도록 우리를 속량하시기 위해 오셨다고 말하고 있습니다. 하나님으로부터의 그 축복과 공급은 육과 영의 축복만이 아니라 재정적이고 물질적인 축복도 포함하고 있는 것입니다.

그러므로 공급의 열린 문은 재정적인 축복의 열린 문인 것입니다. 이것은 하나님께서 그리스도를 통하여 우리에게 하나님의 축복으로 가는 길을 주셨다는 사실을 보여줍니다.

그러나 재정적이고 물질적인 축복에 대한 문이 열려 있다고 해서 모든 사람이 그것을 받기에 합당하다는 뜻은 아닙니다.

그러므로 하나님의 축복을 받기 위한 우리의 역할을 더 잘 이해하기 위해, 우리는 '하늘 문'이라는 성경적 상징을 정확히 보아야 합니다.

## 십일조의 정의

몇몇 사람들이 묻곤 합니다. "'십일조'가 무엇입니까?" 한번은 내가 십일조에 대하여 설교하고 있었을 때, 한 성도는 이렇게 물었습니다. "십일조요? 그게 무슨 말이죠? 그거 무슨 새(鳥) 이름입니까?"

아닙니다. 십일조는 그런 것이 아닙니다! 십일조는 당신의 수입의 십분의 일을 말하는 것이며, 주님께 거룩하게 드려져야 하는 것입니다.

> 레 27:30,32
> 그리고 그 땅의 십분의 일 곧 그 땅의 곡식이나 나무의 열매는 그 **십분의 일**은 여호와의 것이니 **여호와의 성물이라**
> 모든 소나 양의 **십일조**는 목자의 지팡이 아래로 통과하는 것의 **열 번째의 것마다 여호와의 성물이 되리라**

또한 당신은 말라기 3장 10절에서 십일조를 '창고'에 들이라고 했던 것을 기억하십니까? 내가 십일조에 대하여 가르치고 난 후에 한 사람이 내게 와서 이렇게 말했었습니다. "저는 십일조를 해왔습니다. 그런데 저는 '창고'가 어디에 있는 것인지 모르겠습니다."

"창고"는 한마디로 지역교회를 말하는 것입니다. 그래서 성경에서 "너희의 온전한 십일조를 창고에 들여라"라고 말할 때, 이것은 십일조를 당신이 출석하는 지역교회에 가져가라는 뜻입니다. 당신은 영적인 창고, 즉 당신이 영적인 양식과 축복을 받는 곳에 당신의 십일조를 드려야 합니다.

## 십일조는 율법 이전에 시작되었습니다

어떤 사람들은 십일조는 오직 율법 아래에 살던 사람들에게만 적용되는 것이라고 말합니다. 그러나 사실은 하나님께서 율법을 모세에게 주시기 약 700여년 이전에 아브라함은 십일조를 드렸습니다. 그러므로 십일조는 율법 아래에서만 있는 일이 아닙니다.

또 다른 사람들은 이렇게 말합니다. "나는 십일조 같은 것을 믿지 않습니다."

그렇다면 마귀도 하나님의 일을 활성화하기 위한 십일조 내는 것을 믿지 않는다는 것을 생각해보셨습니까? 히틀러, 무솔리니, 스탈린도 십일조를 믿지 않았습니다. 그들과 같은 생각을 한다는 것은 옳지 않습니다!

불행하게도 많은 사람들이 핑계만 만들어내고 있습니다. 하나님께 십일조를 드리기를 원치 않기 때문입니다. 그러나 그들은 십일조의 축복을 놓치고 있습니다. 하나님께서 자신을 시험해보라고 말씀하신 것은 십일조에 대한 이 구절밖에 없습니다!

어떤 사람들은 십일조를 내지 않는 것에 대해 또 다른 주장을 합니다. 그들은 말합니다. "십일조는 구약 시대에 해당되는 것입니다. 신약 아래 사는 우리들을 위한 것은 아닙니다. 신약에서는 십일조를 내야한다는 말이 없습니다. 당신이 신약성서와 논쟁을 벌일 수는 없겠지요." 나는 그들을 보고 이렇게 생각했습니다. '이 사람들은 신약에서 십일조에 대하여 어떻게 말하는지를 모르고 있구나!'

주 예수 그리스도께서는 몸소 십일조 드리는 것에 대해 승인하셨습니다. 왜 예수님에게 동의하지 않으십니까?

## 예수님께서 십일조를 승인하셨습니다

새로운 언약 아래에서의 십일조 드리는 것을 뒷받침하는 구절이 적어도 두 개가 있습니다. 우선 우리는 예수님께서 십일조를 내는 일을 승인하셨다는 것을 알고 있습니다. 성경이 그렇게 말하기 때문입니다.

> 마 23:23
> 화 있을진저 외식하는 서기관들과 바리새인들이여 너희가 박하와 회향과 근채의 **십일조는 드리되** 율법의 더 중한 바 정의와 긍휼과 믿음은 버렸도다 그러나 **이것도 행하고** 저것도 버리지 말아야 할지니라

예수님께서 십일조를 내는 것에 반대한 것이 아니라는 것을

주목하십시오. 또한 예수님은 십일조가 다 끝난 일이라고 말씀하지도 않으셨습니다.

그렇습니다. 예수님은 이렇게 말씀하였습니다. "십일조를 내야 한다. 그러나 또한 정의와 긍휼과 믿음을 버려서도 안 된다."

이제 히브리서 7장 8절을 봅시다.

> 히 7:8
> 또 여기는 죽을 자들이 **십분의 일을 받으나** 저기는 산다고 증거를 얻은 자가 **받았느니라**

나는 이 구절이 예수 그리스도와 신약 즉 새로운 언약에 적용이 되는 것이라고 믿습니다. 당신이 십일조와 헌금을 드릴 때, 어떤 사람들은 "…여기는 죽을 자들이 십분의 일을 받으나…"라는 구절 때문에 이 땅에 있는 사람들이 그 십일조를 받는 것이라고 생각합니다.

"죽을 자들"이란 한마디로 인간입니다. 이것은 이 땅에 사는, 언젠가는 죽을 인간들이 당신의 십일조를 받고 있다는 뜻입니다.

그러나 그것이 이 구절의 전부는 아닙니다. 나머지를 읽어 보십시오. 히브리서의 기자는 매우 심오한 말을 하고 있습니다.

이 구절의 다음 부분은 이렇습니다. "…저기는 산다고 증거를 얻은 자가 받았느니라"(히 7:8).

요한계시록 1장 18절에서 예수님께서는 스스로를 영원히 사는 자라고 정의하셨습니다. 예수님은 이렇게 말씀하셨습니다. "곧 **살아 있는 자라** 내가 전에 죽었었노라 볼지어다 이제 세세토록 살아 있어…"

그러므로 우리의 십일조를 이 땅의 사람들이 받고 있는 것처럼 '보이더라도', 영원히 살아 있고 궁극적으로 그것을 받으시는 분은 단 한분이십니다.

나의 한 집회에서 어떤 사람이 말했습니다. "나는 예수님께 십일조를 드리는 것은 괜찮습니다. 하지만 나는 그분이 계신 곳으로 올라갈 수가 없습니다. 나는 십일조를 창고에 들이고 싶지만, 내가 어떻게 창고가 있는 하늘로 올라갈 수가 있겠습니까?"

나는 그 사람에게 이렇게 말했습니다. "예수님께서 교회의 머리가 되십니다. 그리고 그의 교회가 그의 몸, 즉 그리스도의 몸입니다. 그리스도의 몸은 여기 이 땅에 있는 것입니다.

그러므로 당신은 이 땅에 있는 그의 몸의 지체를 통하지 않고서는 교회의 머리가 되는 예수 그리스도께 십일조를 드릴 수가 없습니다.

예를 들어 먼저 내가 손으로 받지 않으면, 당신은 내 머리에 한 푼도 줄 수 없습니다. 나의 손은 나의 몸의 지체인 것입니다.

그러므로 당신이 예수님께 십일조를 드리려면, 먼저 이 땅에 있는 그의 몸으로 가야 하는 것입니다. 왜냐하면 그리스도의 몸은 교회의 머리가 되시는 예수 그리스도의 뜻을 이 땅에서 이루어 나가고 있기 때문입니다."

우리가 그 말하는 대로 받아들인다면, 성경은 아주 간단한 것입니다. 그러나 우리는 종종 핑계를 만들어서 성경이 말하는 대로 행하지 않으려고 합니다.

## 하나님께서는 "십일조로 나를 시험해 보라"고 말씀하십니다

말라기 3장 10절에서 하나님께서 하셨던 다른 말을 살펴봅니다. "**만군의 여호와**가 이르노라 … 그것으로 **나를 시험하여**…"

당신은 이것이 하나님께서 유일하게 "나를 시험하라"고 말씀하신 성경 구절이라는 것을 아십니까? 하나님께서 그 자신을 시험하라고 말하셨던 유일한 분야가 십일조, 헌금, 헌물입니다.

하나님께서는 이 성경 구절을 시험해보라고 하십니다. 그는 말씀하십니다. "너희의 온전한 십일조를 창고에 들여 그것으로 나를 시험하라. 내가 하늘 '문'을 열지 아니하나 보라"

그러나 기억하십시오, 하나님의 축복을 받기 위해서는 하나님 측면과 사람 측면에서 할 일이 있습니다. 다시 말해, 그러한 하나님의 축복의 문이 열리려면 우리가 하나님과 함께 일해야 한다는 것입니다. 우리가 드릴 때, 하나님께서는 신실하게 하늘 문을 여실 것입니다.

성경은 하나님께서 여신 것은 어떤 사람도 닫을 수 없다고 말합니다. 마귀도 당신의 축복의 문을 닫을 수 없습니다. '당신'이 오직 당신에게 열린 하늘 문을 닫을 수 있는 유일한 존재입니다. 당신은 당신의 재정을 드리고 말씀에 순종하기를 거부함으로써 그렇게 할 수 있습니다.

하나님께서 여신 축복의 문으로 들어가기 원하거나 하늘 문이 열리기를 바란다면, 사람 측에서 꼭 해야만 하는 일이 있는 것입니다. 많은 사람들은 닫힌 하늘 문에 대고 하나님의 재정적, 물질적 축복을 받으려고 합니다. 왜 어떤 사람들에게는 하늘 문이 닫혀 있을까요? 왜냐하면 그들은 하늘 문을 열고 그 열린 상태를 유지하기 위한 자신들의 역할, 즉 그들의 것을 드리는 것을 하지 않았기 때문입니다.

그리고 어떤 사람들은 바르게 살지 않습니다. 그래서 하나님께서 그들의 헌금을 받으실 수가 없고, 하늘 문도 닫힌 채로 있는 것입니다. 그들은 하나님의 말씀을 고백하고 그들이 원하는 대로 하나님을 믿을 수 있습니다. 그러나 하늘 문이 닫혀 있는 한, 축복은 올 수 없습니다. 많은 경우에 거기에 문제가 있는 것입니다.

사람들은 하나님께서 그들에게 재정적인 축복을 주시기를 바랍니다. 사람들은 그들의 자산이 증가되기를 바랍니다. 그리고 하나님께서도 그들을 재정적, 물질적으로 축복하기 원하십니다. 그것이 바로 이 구절이 말하는 바입니다. "내가 하늘 문을 열고 너희에게 복을 쌓을 곳이 없도록 부을 것이다"(말 3:10). 그러나 사람들이 바르게 살지 않는다면, 하나님께서는 그들의 헌금을 받으실 수 없습니다.

## 순종과 열린 하늘 문

사람들은 이따금 믿음만으로 모든 것을 할 수 있다고 잘못 생각합니다! 오해하지는 마십시오! 내가 믿음을 우습게 보는 것은 아닙니다. 나는 말씀 속에서 그리고 하나님 안에서 믿음을 가르치고 있습니다.

그러나 믿음 '만' 가르친다면, 믿음이 그리스도인의 삶에서 필요한 '모든 것'이라는 인상을 남길 수 있습니다.

여러분, 하나님의 풍성한 축복을 받기 위해서는 오직 믿음만 필요한 것이 아닙니다. 믿음과 순종이 함께 하나님의 축복의 문을 여는 것입니다. 그냥 믿음의 고백에 서 있는 것만으로는 하늘 문을 열 수 없습니다! 당신의 믿음에 적절한 행동과 순종을 더해야 하는 것입니다.

물론 믿음은 하늘 문을 여는 것과 연관이 있습니다. 그러나 문들이 열려 있다고 고백하는 것만으로는 하늘 문을 열 수 없습니다. 바꿔 말하면, 마가복음 11장 23절만으로는 하늘의 문을 열 수 없는 것입니다.

막 11:23
내가 진실로 너희에게 **이르노니** 누구든지 이 산더러 들리어 바다에 던져지라 **하며** 그 **말하는** 것이 이루어질 줄 믿고 마음에 의심하지 아니하면 그대로 되리라

당신은 그저 "하늘 문아, 열려라!"하고 말하는 것만으로는 하

늘 문을 열리게 할 수 없습니다. 당신은 말씀을 행하는 자로서 당신의 믿음에 상응하는 행동을 해야 합니다. 당신은 말씀이 헌금에 대하여 말하고 있는 것에 순종해야만 하는 것입니다.

그렇다면 말씀은 어떻게 말하고 있습니까? 말씀은 온전한 십일조를 창고에 들이라고 말합니다. 다시 말해, 당신이 그 문을 여는데 있어 당신의 역할이 있습니다. 당신이 해야만 하는 일이 있는 것입니다. 이 경우에 말씀에 상응하는 행동이란 십일조와 헌금을 드리는 것입니다.

믿음은 옳은 것이고, 말씀을 믿는 믿음은 역사합니다. 그러나 어떤 사람들은 믿음의 특정한 부분만 강조합니다. 그리하여 어떤 믿는 자들은 믿음이 하나님 안에서 성공을 거두기 위해 필요한 모든 것이라고 생각합니다. 그들은 바람직하게 살지 않으면서, 그들의 믿음이 역사하기를 기대합니다. 그러나 그것은 하나님의 말씀 전체의 흐름과 일치하지 않습니다. 하나님께서는 그의 '모든' 말씀을 지키십니다. 믿음과 관련하여 뽑아진 몇 가지 말씀만 지키시는 것이 아닙니다.

## 순종과 하늘 문

그러므로 예수님께서 우리를 위하여 이 모든 축복과 공급과 기회의 문들을 열어 놓으셨다고 해도, 그 문으로 들어가는 것에는 믿음과 순종이 요구됩니다. 말씀에 대한 순종이 필요한 것입니다.

성경은 말합니다. "사랑하는 자들아 만일 우리 마음이 우리를 책망할 것이 없으면 하나님 앞에서 담대함을 얻고"(요일 3:21). 우리는 이 구절을 다음과 같이 이해할 수 있습니다. "만일 당신의 심령이 당신을 정죄한다면 당신의 믿음은 역사하지 않을 것입니다."

당신이 하늘나라와 어긋나거나 주위 사람들과 원만하지 못하다면 당신의 믿음은 역사하지 않을 것입니다. 그것은 능력이 없을 것입니다. 그러나 만약 당신이 하나님께서 빛 가운데 계신 것과 같이 빛 가운데 행하고 주위 사람들과도 잘 지낸다면, 당신의 믿음은 효과를 낼 것입니다.

> 요일 1:7
> 그가 빛 가운데 계신 것 같이 **우리도 빛 가운데 행하면** 우리가 서로 사귐이 있고 그 아들 예수의 피가 우리를 모든 죄에서 깨끗하게 하실 것이요

이 구절이 다음과 같이 말하고 있지 않은 것에 주의하십시오. "그가 빛 가운데 계신 것 같이 우리도 빛 가운데 행하면, 사귀고 싶은 사람들과 사귐이 있을 것이다." 아닙니다. 만약 다툼, 용서하지 못함, 사랑의 부족으로 인해 당신과 사람들 사이에 사귐이 없다면 당신은 빛 가운데 행하고 있는 것이 아닙니다.

나는 오래 전에 그들이 나를 사랑하든 그렇지 않든, 모든 사람을 사랑하기로 결심하였습니다. 그들은 나와 사귐이 없을지

모릅니다. 그렇지만 나는 그들과 사귐이 있는 것입니다. 사랑으로 행하지 못하는 것은 하나님의 축복의 문을 닫는 것입니다.

나는 이것을 강조하고 싶습니다. 만약 당신이 하늘 문이 열리기를 원한다면, 당신이 특정한 조건들을 만족시키는 한 하나님께서는 문들을 열겠다고 말씀하십니다. 그렇다면 어떤 조건들을 만족시켜야 할까요? 당신은 온전한 십일조를 창고로 들임으로 하나님의 말씀에 순종해야만 합니다. 이것이 당신의 의무입니다. 그리고 그 문들이 계속 열려 있도록, 당신은 하나님의 말씀에 합당하게 행동하기를 지속해야 합니다.

다시 말해, 말씀에 대한 순종을 통하여 당신은 당신 삶에서 하늘 문을 열고 또 그 열린 상태를 유지시키는 것입니다.

그러므로 하늘 문을 여는 일에는 당신이 해야 할 역할이 있고, 또한 하나님의 역할이 있습니다. 그러나 하나님께서는 언제나 신실하게 자신의 역할을 수행하십니다!

그렇다면 문제는 '당신이 당신의 역할을 하는 데 신실한가?' 입니다. 불순종으로 인해, 사실상 당신은 당신을 향한 하늘 문을 닫을 수 있습니다.

십일조에 관해 말라기 3장 10절에서 하나님을 시험하여 보라고 당신에게 도전하고 있는 것을 기억해 보십시오.

> 말 3:10
> 만군의 **여호와**가 이르노라 너희의 온전한 십일조를 창고에 들여 나의 집에 양식이 있게 하고 그것으로 나를 시험하여 내가 하늘 문을 열고 너희에게 복을 쌓을 곳이 없도록 붓지 아니하나 보라

당신은 믿음에 대하여 많이 알지 못할 수도 있습니다. 그러나 당신이 알고 있는 만큼 빛 가운데 행하고 하나님의 말씀을 하나님 앞으로 가져옴으로써 당신은 하나님께 순종할 수 있습니다. 그러므로 그의 말씀에서 하나님을 받아들여 하늘 문을 열고, 그 문이 계속 열려 있게 하십시오!

## 해충을 금하심

이 십일조에 관한 구절에서, 말라기 3장 11절은 하나님께서 재정적 물질적인 축복에 대하여 말하고 있는 것을 보여주고 있습니다. 이 구절은 다음과 같이 말하고 있습니다. "만군의 여호와가 이르노라 내가 너희를 위하여 메뚜기를 금하여 너희 토지 소산을 먹어 없애지 못하게 하며…"

말라기 시대의 사람들은 토지와 포도원의 소산에 의하여 생계를 유지하였습니다. 또한 이 구절은 이어서 말합니다. "…너희 밭의 포도나무 열매가 기한 전에 떨어지지 않게 하리니" 보다시피, 십일조의 축복의 한 부분은 하나님께서 우리를 위하여 해충을 금하시겠다고 약속하신 것입니다.

나는 S 형제를 알고 있습니다. 그는 내가 처음 시골에서 목회를 시작했을 때, 시간제로 가서 일하던 곳의 주인이었습니다.

그는 매우 부자였습니다. 그러나 그가 매일같이 너무나 열심히 일했기 때문에 그냥 보기만 해서는 짐작할 수 없었습니다.

그는 아마도 백만에서 2백만 불 정도의 재산을 가지고 있었을 것입니다. 이 사람은 돈이 많았을 뿐 아니라, 집과 땅도 많이 소유하고 있었습니다.

이 사람의 삶에 하늘 문이 열려 있었던 것입니다. 무엇이 그의 성공의 비밀이었을까요? 나는 그에게 개인적으로 질문하였습니다. 다른 사람에게서 그의 이야기를 들은 적이 있지만, 나는 그로부터 직접 듣고 싶었습니다. 그래서 나는 그의 성공의 비밀을 물었습니다.

S 형제는 나에게 이렇게 말했습니다. "켄 형제님, 내가 어떻게 시작하였는지 정확히 말해 드리겠습니다. 나는 가진 것이 없었습니다. 그냥 농사꾼이었습니다. 농장이 있었지만, 값도 치르지 않은 땅이었습니다. 그래서 나는 다른 땅을 좀 더 빌려서 농사를 짓고 있었습니다.

나는 교회를 재정적으로 후원하였습니다. 넉넉히 드렸지요. 사실 우리 교회에는 많은 필요가 있는 것은 아니었습니다. 우리 교회는 새로 벽돌 건물을 지었고 재정적으로 넉넉하였습니다. 그런데 하루는 한 선교사님이 우리 교회에 오셨습니다. 그분은 특별한 계획을 위해 재정적 후원이 필요하셨습니다.

나는 나의 친구들을 통하여 그 선교사님에 대해 알고 있었고, 그의 필요를 위하여 헌금을 하기로 결심했습니다. 사실 이 선교사님을 후원하는데 있어서 어떤 확실한 인도하심은 없었습니다. 나는 그냥 드렸습니다. 왜냐하면 나는 하나님을 믿고, 또 그 선교사님에게 큰 필요가 있다는 것을 알았으니까요."

이 사람은 텍사스에 있었습니다. 그 당시에는 목화 재배가 최고였습니다. 다시 말해, 목화가 주요 농산물이었던 것입니다. 그러나 그때는 지금과 같은 살충제나 소독약들이 없어서, 목화다래바구미가 목화를 다 망쳐버리곤 했습니다. 목화다래바구미는 목화를 공격하는 곤충입니다. 그 당시에는 이 곤충 때문에 목화밭 전체가 다 망가지는 경우도 있었습니다.

그런데 S 형제가 일하는 농장과 땅에 무슨 일이 일어났는지 아십니까? 목화다래바구미는 다른 모든 사람들의 목화를 망쳐놓았습니다. 그러나 그의 땅 울타리 주변에서는 그저 모여 있기만 했습니다! 그것들은 그의 땅에는 절대 들어오지 못했습니다. 이것은 역사적인 사실입니다!

십일조와 관련하여 말라기 3장 11절은 말합니다. "내가 너희를 위하여 메뚜기를 금하여." 하나님께서는 S 형제를 위하여 해충을 금하신 것입니다! 왜일까요? 그는 하나님께서 십일조를 축복하시는 것을 믿고 드렸을 뿐 아니라, 관대하게 헌금을 하였기 때문입니다.

나는 어렸을 때 그 사건에 대해 들은 적이 있었습니다. S 형제의 밭 울타리에 벌레들이 가득히 붙어있기만 했던 것에 대해 모든 동네 사람들이 이야기 했었습니다! 나는 S 형제를 만나기 전에도 이 이야기를 들었었습니다.

주일에는 근처의 모든 사람들이 차를 몰고 나가서 그 광경을 보았습니다. 그것은 마치 S 형제의 농장과 땅 옆을 지나가는 시위행렬 같았습니다. 사람들은 자신들이 본 것을 거의 믿을 수가 없었습니다!

S 형제에게는 목화다래바구미를 죽일 화학약품이나 소독약이 없었습니다. 그렇지만 그의 땅은 그 해에도 놀라운 양의 목화를 생산하였습니다. 실제로 그는 그 해에 10만 불 이상을 벌었습니다!

왜 그런 일이 일어났다고 생각하십니까? 하나님께서 그의 헌금을 열납 하셨기 때문입니다. S 형제는 십일조 뿐 아니라, 다른 헌금도 아낌없이 드렸습니다. 하나님께서는 언제나 그의 말씀을 믿는 믿음을 기쁘게 받으십니다.

나는 말라기 3장 10절을 이렇게 해석하는 것을 좋아합니다. "십일조를 창고에 들여라. 그러면 내가 하늘 문을 열고 너에게 축복을 '부어' 줄 것이다." 하나님께 영광을 돌립니다!

내 성경의 여백에 적어둔 메모에 의하면, 히브리어에서 "붓다(pour)"라는 단어는 축복을 '쏟아내다(empty out)'로 바꿀 수 있습니다. 다시 말해, 하나님께서는 더 이상 받을 공간이 없을 정도로 당신에게 축복을 쏟아내고 부어주실 것입니다.

상상해 보십시오. 축복을 너무 많이 받아서, 당신이 이렇게 말할 수밖에 없다면 어떨까요? "주님, 나는 더 이상의 축복을 받을 수 없어요! 이제 그만 하세요. 더 이상 축복을 받아둘 공간이 없습니다!" 하나님께서는 이 구절에서 당신에게 물질적, 재정적인 축복을 부어주시는 것에 대하여 말씀하고 계시는 것입니다.

어떤 사람들은 "나는 그런 축복을 받을 것입니다!"라고 말하면서, 그들은 인간적이고 이기적인 자세로 헌금합니다. 그들이 헌금하는 유일한 이유는 축복을 받기 위한 것입니다. 그들 심령의 태도가 바르지 않다면, 이런 종류의 헌금은 역사하지 않을 것입니다.

사람들이 아무리 많이 헌금을 내고, 아무리 열심히 십일조를 하더라도 그들이 단지 축복을 써먹기 위해 드리는 것이라면 그것은 역사하지 않을 것입니다. 왜냐고요? 왜냐하면 그들은 이기심 위에 서 있기 때문입니다.

우리 모두는 죄에 대한 수많은 설교를 들어왔습니다. 사람들은 거짓말, 도둑질, 속임수, 강탈 등에 반대하는 설교들을 합니다. 그리고 그런 일들이 다 잘못된 것이라는 것 또한 사실입니다. 그렇지만 여러분, 그릇된 동기 또한 잘못입니다. 하나님께서는 심령의 동기에 대해서도 그의 백성들을 판단하실 것입니다!

## 제 7 장
# 동기와 헌금

여러 해 전에 내가 아는 한 복음 전도자가 나에게 계속 이렇게 말했습니다. "당신은 책을 써야 합니다! 당신은 정말 돈을 많이 벌 것입니다!"

그가 그렇게 말한 것은 내가 실제로 책을 쓰기 시작한 몇 년 전의 일입니다. 나는 내가 돈을 벌기 위하여 책을 쓴다면, 주님과의 관계에 문제가 생길 것이라는 것을 알았습니다. 나는 내가 오직 사람들을 돕기 위해 책을 쓰는 것이라는 확신이 들 때까지 책을 쓰고 싶지 않았습니다. 그것만이 나의 동기가 되어야 했습니다.

하나님께서는 우리를 축복하시겠다고 약속하셨다는 것을 우리는 알아야 합니다. 우리는 그것을 기억하고 믿어야 합니다. 그런데 우리의 심령의 동기에 종종 미묘한 차이들이 있습니다. 사실, 만약 우리의 동기가 계속 순수하지 않다면, 우리는 우리에게 열린 하늘 문을 닫을 수도 있습니다.

사람들이 헌금을 해야 하는 이유는 무엇보다도, 주님을 사랑하기 때문입니다! 그들이 드리는 이유는 영혼을 사랑하고 하나님의 왕국과 하나님의 일이 활성화되기를 원하기 때문입니다.

그들은 이렇게 말할 수 있어야 합니다. "내가 아무것도 돌려받지 못한다 해도, 나는 다른 사람에게 도움을 주기 위해 헌금할 것입니다." 이런 헌신의 말을 할 수 있다면, 그들은 자신의 동기가 순수하다는 것을 알고 있는 것입니다. 그리고 사람들이 순수한 동기로부터 헌금하고 하나님을 믿고 주님을 사랑한다면, 하나님께서는 그들의 헌금을 기쁨으로 받으실 것입니다.

## 하나님께서는 순수한 동기를 높이십니다

나는 믿음에 대해 잘 모르면서도 그들이 드린 헌금을 통하여 재정적인 축복을 받는 사람들을 보았습니다. 그들은 바른 삶을 살았고, 헌금을 드리는 그들의 동기는 순수했습니다. 그들은 사람들이 축복받기를 원했고, 하나님의 왕국이 잘 되기를 원했던 것입니다.

나는 특별히 1930년대 경제공황기에 목사였던 한 사람을 기억합니다. 그는 믿음 같은 것에 대해서는 별로 아는 것이 없었음에도 부자가 되었습니다. 그는 모르고 있었지만, 사실 그는 믿음의 원칙대로 행하였던 것입니다.

때는 경제공황기였습니다. 경제공황 때에, 사람들은 1불을 벌기 위해 하루에 8시간만 일하는 것이 아니라 해가 뜰 때부터 질 때까지 하루 종일 일을 하였습니다.

내가 설교를 시작하였을 시기에, 우리 교회 교인의 가족 중에는 한달에 37.5불을 받는 사람이 있었습니다. 그것이 그들의 한달 총 수입이었던 것입니다!

그들은 그 돈으로 집세, 전기세 등 여러 비용을 지불하고 또한 가족이 먹고 살아야 했습니다!

물론 그 당시 물가는 지금보다 덜 비쌌습니다. 예를 들어서 캐딜락은 700불이나 800불이면 살 수 있었습니다. 포드는 약 400불이면 살 수 있었습니다. 빵 한 덩이는 5센트면 되었고, 석유 1갤론도 5센트였습니다.

그 당시에 사내들은 여자친구에게 좋은 인상을 주기 위해 주유소에 가서는 이렇게 말했습니다. "꽉 채우세요!" 그리고는 동시에 그들은 여자친구가 보지 못하도록 창문 밖으로 손을 내밀어 한 손가락을 치켜들고, 그들이 정말 원하는 양은 1갤론이라고 주유원에게 알렸던 것입니다.

이것은 정말로 여자친구에게 좋은 인상을 주었을 것입니다. 왜냐하면 그 당시 사람들은 돈이 많지 않았기 때문입니다. 만약 한 번에 연료탱크를 다 채울 수 있었다면 그는 잘나가는 사람이었을 것입니다!

어쨌든, 내가 아는 이 목사님이 나에게 심오한 말을 하셨습니다. "해긴 형제님, 나는 믿음을 실행하는 것에 대해 정말 많이 알지 못합니다. 예를 들어서 나는 정말로 어떻게 내 믿음을 행사하여 치유를 받는지도 알지 못합니다. 하지만

ㄱ 시련의 경제공황 시기에도 나는 항상 새 차를 가지고 있었습니다. 정말로 나는 새 차를 가지지 않았던 적이 없었습니다."

그는 이렇게 말했습니다. "재정적으로 말하면, 항상 작은 교회에서 목회를 하였어도 우리 가족은 전혀 고생하지 않았습니다. 우리 교회는 주일 아침에도 60명이나 70명밖에 되지 않았습니다. 하지만 우리는 재정적으로 부족하지 않았습니다. 우리는 항상 좋은 집에서 살았고 먹을 것이 넉넉하였습니다. 우리는 재정적으로 전혀 고통당하지 않았습니다."

왜 그는 경제공황 때에도 항상 풍부하였을까요? 다른 사람들은 부족하고 없이 살 때에, 왜 그는 항상 충분히 공급받았을까요? 왜냐하면 그는 그의 삶에서 항상 하늘 문을 열어 놓았기 때문입니다. 어떻게요? 그는 십일조를 할 뿐 아니라, 상당한 헌금을 하는 사람이었습니다.

생각해 봅시다! 이 목사는 항상 새 차를 몰았습니다. 그는 항상 새 옷을 입었습니다. 그는 항상 좋은 집에서 살았고, 그의 가족은 항상 가장 좋은 옷을 입었습니다. 경제공황 기간에도 말입니다! 그는 여러 번 작은 교회에서 목회를 하였음에도 불구하고 재정적인 문제가 전혀 없었습니다.

그러나 하나님의 일을 위하여 그는 십일조를 하고 아낌없이 헌금하였습니다. 그것이 그의 성공의 비밀이었습니다. 그는 스스로를 하나님의 축복을 받을 위치에 두었습니다.

## 경제공황 시기에 백만장자가 된 사람

나는 텍사스에 사는 어떤 사람을 압니다. 그는 초등학교 5학년까지 밖에 교육을 받지 못했습니다. 그는 학교를 그만두고 일을 해야 했습니다. 그는 12살이 될 때까지 구두를 한번도 신어보지 못했습니다. 그의 가정은 매우 가난하여서, 그들은 동부 텍사스의 방 한 칸짜리 오두막에서 살았습니다.

그는 어릴 때 가게에서 산 옷은 전혀 입어보지 못했습니다. 그의 어머니가 다른 사람들에게서 얻어 온 헌옷을 고쳐 입었습니다. 그리고 가을에는 면으로 된 사료부대를 얻어 와서 그에게 학교 갈 때 입을 바지를 만들어 주었습니다.

그러나 이 사람은 자라서 크게 되었고 경제공황 기간에 백만 불이 넘는 재산을 갖게 되었습니다! 그것은 거의 있을 수 없는 일이었습니다! 그 힘들었던 경제공황 당시에, 만약 당신에게 백만 불이 있었다면 당신은 진짜로 부자였습니다. 그때는 부자들이 별로 없었습니다.

그 사람이 어떻게 그렇게 되었는지 아십니까? 나는 그를 개인적으로 알고 있어서, 그와 이야기를 나누었습니다. 그는 믿음에 대해서 많이는 몰랐지만, 조금은 알고 있었습니다.

그러나 그는 헌금에 대한 하나님의 말씀에 순종하여 하나님이 하늘 문을 여시도록 하는 방법을 알고 있었습니다. 그는 그의 삶에서 일찍이 하늘 문을 열어 놓았고, 그 문들은 한 번도 닫히지 않았습니다. 왜냐고요? 왜냐하면 그는 헌금을 드림으로 계속하여 그 문들을 열어 놓았던 것입니다.

하나님 쪽에서 보면, 하나님께서는 이 사람이 헌금에 대한 말씀(말 3:10; 눅 6:38)에 순종하였기 때문에 계속 그 문들을 열어 놓으신 것입니다. 그리고 성경은 우리가 드린 것이 되돌아 올 것이라고 약속하고 있습니다.

> 잠 3:9,10 (확대번역)
> [정당한 노동에 의한] 너희의 재산과 너희의 풍부한 것으로 그리고 너희 모든 수입의 첫 열매로 주님을 공경하라 **그리하면 너희의 창고가 풍부하게 채워질 것이라 그리고 너희의 술통이 새로운 포도즙으로 흘러넘치리라**

하나님께서 우리들의 창고를 풍부하게 채우시겠다고 약속하셨습니다! 그분은 우리의 술통이 새 포도즙으로 흘러넘칠 것이라고 말씀하셨습니다. 여러분은 어떠실지 몰라도, 나는 주님께서 약속하신 풍성함을 원합니다!

하나님께서는 우리들에게 하늘 문을 여는 방법을 확실하게 알려주셨습니다! 그것은 우리의 드림을 통해서 입니다. 하나님께서는 말라기에서 우리가 다 담을 수 없을 정도로 우리에게 축복을 부어주시겠다고 약속하시기까지 하셨습니다.

하나님께서는 공허한 약속을 하시지 않으십니다. 하나님께서 성경에서 말씀하신 것은, 하나님께서 실행하실 수 있는 것들입니다(롬 4:21). 성경은 또 하나님은 사람이 아니기 때문에 거짓말을 하시지 않는다고 말하고 있습니다. 하나님께서는 그의 말씀에 대하여 신실하십니다.

민 23:19
하나님은 사람이 아니시니 거짓말을 하지 않으시고 인생이 아니시니 후회가 없으시도다 **어찌 그 말씀하신 바를 행하지 않으시며 하신 말씀을 실행하지 않으시랴**

하나님의 말씀은 참되고 믿을만합니다. 그러므로 우리는 말씀을 행하는 자가 되어서 하늘의 문들을 열도록 합시다.

## 가난한 자들을 돕기

경제공황기에 백만장자가 되었던 그 남자는 단지 다시 얻기 위해 헌금을 아낌없이 한 것이 아니었습니다. 그는 인색하고 이기적인 태도를 가지지 않고, 그가 할 수 있는 모든 것을 주었던 것입니다.

그렇습니다. 그 사람은 내가 살면서 만나 본 사람들 중에 가장 후한 사람이었습니다. 그는 언제든지 필요 가운데 있는 사람들을 보면 항상 도와주었습니다. 그는 아낌없이 주었습니다. 왜냐하면 그는 하나님의 일이 촉진되고 활성화되는 것을 보기 원했기 때문입니다. 다시 말해, 가난한 자에게 주는 그의 동기가 순수했던 것입니다.

그래서 그는 십일조와 헌금을 하였을 뿐 아니라, 가난한 자들을 돕는 데도 열심이었습니다. 그는 잠언 19장의 약속을 믿고 그 위에 섰던 것입니다.

잠 19:17(확대번역)
**가난한 자를** 불쌍히 여기는 것은 여호와께 꾸어 드리는 것이니 그가 받은 것을 **다시 갚아 주시리라**

믿는 자들은 이따금씩 이 구절을 이렇게 읽는 것 같습니다. "주님께 꾸어드리면, 주님께서는 그것을 잊어버리시리라." 아닙니다! 그것은 성경이 말하는 바가 아닙니다. 주님이 무엇을 하신다고 하십니까? 주님께서는 그에게 '되갚아' 주실 것입니다. 성경은 또 이렇게 말하고 있습니다. "선한 눈을 가진 자는 복을 받으리니…"(잠 22:9).

가난한 자를 돕는 것은 헌금과 십일조를 드린 다음입니다. 당신의 십일조를 가지고 가난한 자에게 주시지 마십시오. 당신의 십일조는 창고, 즉 당신의 지역 교회에 속한 것입니다. 그러나 당신의 교회에 드리고 난 후에는, 성경에서도 가난한 자를 구제하라고 말합니다.

눅 12:33
너희 소유를 팔아 **구제하여** 낡아지지 아니하는 배낭을 만들라 곧 하늘에 둔 바 다함이 없는 보물이니 거기는 도둑도 가까이 하는 일이 없고 좀도 먹는 일이 없느니라

성경은 만약 당신이 가난한 자들에게 주면 실제로는 주님께 꾸어드리는 것이라고 말합니다. 그리고 주님은 당신에게 그것을 갚아 주실 것입니다. 이것이 당신의 삶에서 하늘 문을 열어 놓는 방법의 하나입니다.

## 사기꾼들을 조심하십시오

성경은 가난한 자를 돕는 것에 대하여 말하고 있습니다. 그러나 가난한 자를 돕는 것이 돈을 뜯어내기 위하여 가난한 척하는 사람들을 돕는 것을 뜻하는 것은 아닙니다. 우리는 그들을 "구걸꾼" 혹은 "사기꾼"이라고 부릅니다.

어떤 사람들은 그냥 다른 사람들에게 빌붙어 삽니다. 만약 당신이 그렇게 하도록 내버려 둔다면, 그런 사람들은 당신에게 빌붙어 당신으로부터 될 수 있는 한 많은 것을 뜯어내려 할 것입니다. 하나님께서는 당신에게 그런 부류의 사람들을 알려 주실 것입니다. 하나님께서는 사기꾼을 돕는 것에 대해 단 한 말씀도 하지 않으셨습니다.

그리스도인들로부터 가능한 무엇이든 뜯어내려 하는 종교적인 사기꾼들이 있습니다. 그러나 이것은 잠언 19장 17절에서 말하고 있는 것이 아닙니다. 이 말씀은 정말로 필요 가운데 있는 사람들에 대하여 말하고 있습니다.

당신이 정말 믿음으로 행한다면, 당신은 모든 사람에게 당신의 필요를 말하면서 돌아다니지는 않을 것입니다. 다른 사람들이 당신을 위하여 하늘 문을 여는 것이 아닙니다! 하나님이 여십니다! 그리고 당신은 십일조와 헌금을 드림으로 그것을 가능케 하는 것입니다.

나는 살면서 한번도 다른 사람에게 나의 개인적인 재정적 필요를 말해 보거나, 무엇이 필요하다는 것을 표시해 본 적조

차 없습니다. 나는 그저 하나님을 믿었습니다. 진정한 믿음은 하나님만을 당신의 공급원으로 믿는 것입니다.

그러나 사역에 관한 한, 어떤 계획이나 사역적인 필요에 대해 사람들에게 알리고 그들이 원하는 대로 헌금하는 것은 괜찮습니다(고전 16장; 고후 9장). 그러나 사람들이 헌금을 하도록 압박하는 것은 옳지 않습니다.

당신은 당신을 위한 하나님의 축복의 문을 다른 사람이 열 것을 기대하지 않습니다. 예수님께서 문을 여시는 분입니다! 하나님께서는 당신을 위해 그 하늘 문들을 여는 방법을 말씀에서 아주 분명하게 말씀하십니다. 당신이 당신 자신을 위하여 하늘 문을 여는 방법을 배우는 것이 하나님의 뜻입니다. 당신은 하나님의 말씀이 헌금에 대하여 말하는 것에 순종하여 하늘 문을 열고, 또한 바르게 사는 것으로 그 문을 계속 열어 놓을 수 있습니다.

일부 사람들은 그들이 어떻게 살든지 상관없이 혹은 그들의 삶에서 죄를 짓는지 여부와는 상관없이, 드리기만 하면 하나님께서 그 헌금을 증가시키시고 갚아 주신다고 막연히 믿는 함정에 빠집니다.

아닙니다. 하나님은 그렇게 하시지 않으십니다. 하나님께서는 그의 말씀의 일부가 아니라 모든 말씀을 지키십니다. 십일조와 헌금은 하늘 문을 여는 한 가지 방법입니다. 그렇지만 또 다른 면이 있는 것입니다. 당신은 계속 바르게 살아야 합니다. 당신은 계속 사랑으로 행해야 하고 하나님의 말씀의 원칙대로 살아야 합니다. 바르게 살지 않는다면, 하나님과는 오래 갈 수 없습니다.

> 갈 6:7
> 스스로 속이지 말라 하나님은 업신여김을 받지 아니하시나니 **사람이 무엇으로 심든지 그대로 거두리라**

바울은 이 구절을 죄인들에게 쓴 것이 아닙니다. 이것은 그리스도인들에게 쓴 것입니다. 바울은 그리스도인들에게 하나님의 심고 거두는 법칙에 대하여 속지 말라고 말하고 있습니다. 사람이 무엇을 심든지 그대로 거두게 되어 있는 것입니다.

심고 거두는 법칙은 재정적인 분야뿐만 아니라 삶의 모든 면에 적용됩니다. 그러나 재정적으로 심으면, 다시 거두게 되는 것은 확실합니다.

## 부정하게 얻은 부는 오래 가지 않습니다

어떤 사람들은 하나님께서 자신들을 번영시키실 것을 기대하며 오직 그 목적으로 그들의 재정을 심습니다. 그러나 그들은 틀렸습니다. 그 돈은 사실 악한 방법으로 벌어들인 것이기 때문입니다.

그러면서 그들은 말합니다. "나는 이 돈을 헌금으로 드리겠습니다. 그러면 하나님께서 받아 주실 것입니다. 목사님께서 말씀하시길 하나님께서는 우리가 드리는 것을 받으신다고 하셨으니까요." 그러나 하나님께서는 그것을 받지 않으셨습니다. 하나님께서는 모든 영역에서 하나님의 말씀의 밝은 빛 가운데 행하는 사람의 헌금을 받으십니다. 하나님의 말씀을 고의적으로 계속 지키지 않는 사람이 드리는 헌금을 하나님께서 받으실 것이라고 기대할 수는 없습니다.

내가 아는 어떤 사람이 있는데, 지금은 백만장자가 그리 큰 부자가 아니지만 수년 전의 돈 가치로는 그는 백만장자였습니다. 그 당시 그 정도였다면 오늘날에는 천만장자 정도 될 것입니다. 그는 정말 부자였습니다.

나는 그의 집에 가보았습니다. 그는 그 당시에 궁전 같은 집에 살았습니다. 그가 그 누구보다 좋은 집에 살았다는 뜻입니다. 그리고 그 당시에는 벤츠나 링컨, 캐딜락을 모는 사람이 별로 많지 않았습니다. 그러나 그와 그의 아내는 각각 비싼 차를 갖고 있었습니다.

그들의 딸과 아들 또한 각자 사치스런 차들을 가지고 있었습니다. 그는 또 개인 비행기를 가지고 있었습니다. 그리고 헌금을 매우 넉넉히 하였습니다. 그러나 그의 성공은 오래 가지 못했습니다. 그는 그가 가졌던 모든 것을 잃어버렸습니다.

왜 그의 성공이 지속되지 못했을까요? 그는 십일조를 드렸고, 헌금도 넉넉하게 하였습니다. 그러나 그의 사업상의 많은 거래들이 정당하지 않았던 것입니다. 다시 말해, 그 거래들은 부정하였거나, 최소한 부도덕하거나 불법적인 부분이 있었습니다.

그러므로 그는 영적으로 하나님께 축복을 받을 위치가 아니었습니다. 하나님께서는 그의 헌금을 받으실 수 없었습니다.

그것은 영적으로 그에게 영향을 미쳤고, 재정적, 물질적으로도 영향을 미쳤습니다. 심지어 육체적으로도 영향을 미쳤습니다. 그들 부부는 모두 병에 걸렸습니다.

함께 묶여진 것은 함께 가는 법입니다. 십일조와 헌금은 하늘의 문을 엽니다. 그러나 당신은 또한 하나님께서 당신에게 복 주실 수 있도록 바른 삶을 살아야만 합니다. 아시겠지요?

수년 전에 텍사스에서 내가 아는 또 다른 사람이 있었습니다. 그는 정말 아무 것도 가진 것이 없었습니다. 그의 구두 밑창은 항상 닳아 있었고, 주머니에는 돈이 한 푼도 없는 것 같았습니다. 나는 그의 삶이 왜 그렇게 항상 빈곤한 것인지 알아보기 위하여 그의 삶을 살펴보았습니다. 그는 그 어떤 것에서도 성공하지 못하는 것 같았습니다.

나는 이 사람이 진짜 종교 사기꾼이라는 것을 알게 되었습니다. 그는 돈 있는 사람들과 의도적으로 친해졌습니다.

주일 저녁에, 우리는 강대상 주위에 모여 기도하는 것으로 예배를 마치곤 했습니다. 그 남자는 돈 있는 사람들 근처로 가서 외치며 기도했습니다. "주님, 제 구두 밑창이 다 닳은 것이 보이시지요. 저는 이 구두 딱 하나밖에 없습니다. 오, 주님! 누군가 저에게 새 구두를 사 주도록 해 주세요."

그러면 그 옆에서 기도하던 사람은 대부분 그의 구두를 보고 정말 그렇다는 것을 알게 됩니다. 그리고 불쌍히 여기며 구두를 사 주곤 했습니다. 그리면 그 남자는 이렇게 말하고 다니곤 했습니다. "주님께서 나의 필요를 채워 주셨습니다!"

그러나 사실 그 사람은 거짓말을 하는 것입니다. 주님께서 그의 필요를 채우신 것이 아닙니다. 그가 자신의 필요를 채우기 위해 사기를 친 것입니다! 그것은 믿음이 아닙니다. 그는 전혀 그의 믿음을 행사한 것이 아닙니다. 그것은 하늘 문을 여는 예시가 될 수 없습니다. 그리고 그는 말씀을 행하는 자가 아니었습니다. 그는 단지 사람들을 속여서 자기에게 물건을 사 주게 한 것입니다.

또한 그 남자는 돈 있는 성도가 있는 교회의 부흥회에 가곤 했습니다. 그리고 그 성도가 근처에 있는지 확인합니다.

사람들이 당시 관습대로 강대상 앞으로 나가서 기도하면, 그는 목표물 바로 옆에 자리를 잡고, 큰 소리로 기도했습니다. "주님, 제 양복이 다 낡은 것이 보이시지요. 저는 이 옷 하나밖에 없습니다. 주님, 누군가 저에게 새 양복을 사 주도록 해 주세요."

어떤 친절한 사람이 그에게 양복을 사 주면, 그는 이렇게 말하면서 다니는 것입니다. "나의 믿음은 정말로 역사합니다!" 그러나 그의 믿음은 전혀 역사하지 않았습니다. 그는 거짓말을 하고 있었습니다.

만약 그가 정말로 믿음을 사용하였다면, 그는 개인적으로 오직 하나님께만 새 양복과 새 구두를 구했을 것입니다. 그리고 그가 바른 삶을 살고, 말씀에 근거하여 간구했다면 그는 하나님께 응답을 받을 수 있었을 것입니다!

여러분, 당신이 믿음으로 행한다면, 당신은 사람들이 당신에게 무엇인가 주도록 그들을 속일 필요가 없습니다. 당신은 하나님의 일을 사랑하기 때문에 헌금을 하는 것입니다. 당신의 헌금과 당신의 믿음이 하나님의 말씀과 일치한다면, 당신은 하나님의 최고의 것을 받을 위치에 서게 됩니다! 그리고 심지어 당신이 한 푼도 없더라도, 당신은 얼굴에 미소를 유지하며 계속 승리를 외칠 수 있습니다.

나도 그랬습니다. 나는 많은 경우에 내가 돈이 많은 것처럼 행동했습니다. 나는 내가 한 푼도 없다는 것을 아무에게도 말하지 않았습니다. 왜냐하면 나의 믿음은 하나님과 그의 말씀에 있었기 때문입니다.

나는 예수님만이 하늘 문을 여시는 분이라는 것을 알았습니다. 예수님만이 나의 모든 필요를 공급하여 주시는 분입니다. 그래서 나는 사람들에게 나의 필요를 말하지 않았습니다. 예수님의 풍성한 공급만을 고백했습니다.

사실상 그 사람은 직업적인 거지였습니다. 그가 하는 짓을 알게 된 후, 나는 그의 삶을 지켜보았습니다. 그는 정말 아무것도 가진 것이 없었고, 영적으로도 번성하지 못했습니다.

부정한 사람은 번성할 수 없습니다. 당신이 다른 사람을 속이고 있다면, 하나님께서는 하늘 문을 열어 당신에게 재정적인 축복을 부어주시지 않으실 것입니다!

이 사람은 하나님의 일에 드리는 것이 기뻐서 헌금하는 그런 삶을 살지 않았습니다. 그의 동기는 모두 잘못되어 있었습니다. 어떻게 하나님께서 그를 위하여 하늘 문을 여실 수 있겠습니까? 그러실 수 없습니다. 그는 우리가 흔히 말하는 "영광이 나오는 수도꼭지 밑에서" 살고 있지 않았습니다.

다시 말해 그는 하나님의 축복 안에서 살지 못했습니다. 그는 육신적인 동기를 가지고 혼적인 영역에서 살았던 것입니다. 그리스도의 몸을 상대로 항상 사기를 치면서, 그는 진정 죄 가운데 살았습니다.

그의 공허한 기도가 하나님의 축복의 손을 움직인 것이 아닙니다. 하나님께서는 정직하지 못한 일을 허락하실 수 없기 때문입니다. 그래서 하늘 문은 그에게 절대로 열리지 않았습니다.

반면, 작은 교회에서 목회했지만 물질적으로 크게 번영하였던 그 목사님을 기억해 보십시오. 믿음의 모든 원칙에 대해 알았든 몰랐든, 그는 진정 믿음으로 행했습니다.

특별히 헌금 분야에 있어서, 그는 말씀에 순종하며 믿음으로 행했습니다. 그리고 그 말씀은 그를 위하여 역사하였습니다. 그래서 그의 인생에서 하늘 문이 열릴 수 있었던 것입니다. 그리고 그는 그 문을 계속 열어 놓는 방법도 배웠습니다.

우리는 하나님께서 스스로 말씀하신 그런 분이라는 것과 그분이 할 것이라고 말씀하신 것을 하시는 분이라는 것을 믿는, 그러한 믿음에 도달해야 합니다. 그리고 우리는 하나님의 말씀에 순종하고 빛 가운데 행해야 합니다.

또한 우리는 우리가 하나님께서 누구라고 하는 그런 사람이라는 것과 하나님께서 우리가 할 수 있다고 하신 것을 할 수 있다는 것을 믿어야 합니다. 하나님의 축복이 우리 삶에 부어지도록 하기 위해 우리는 하나님의 말씀에 순종해야 합니다. 우리가 하나님의 말씀에 순종하면 하나님께서는 당신을 존중하여 주실 것입니다. 하나님께서는 그의 말씀을 지키시기 때문입니다(삼상 2:30).

당신이 당신 삶에서 하늘의 문을 열게 되면 이 세상에서 일어나는 일들은 아무 문제가 되지 않습니다. 아무리 물가가 폭등하고 경기가 침체되더라도 하늘 문은 여전히 당신의 삶 가운데 열려 있을 것입니다. 나는 여러분에게 말한 그 두 사람의 번영하는 삶을 통하여 그것을 보았습니다.

나는 하늘의 문이 열리게 하는 방법을 배운 것이 너무나 기쁩니다! 그리고 당신은 아십니까? **마귀는 하늘 문을 닫을 수가 없습니다!** 마귀는 애쓸 것입니다. 그렇지만 그는 닫을 수 없습니다. 그러나 당신의 불순종이 그 문을 닫을 수 있습니다.

또한 예수님께서 당신을 위하여 열어놓은 문을 사람이 닫을 수 없는 것처럼, 어떤 사람도 하늘의 문이나 창을 닫을 수 없습니다. 하나님께서 여시면, 그것이 어떤 문이든, 누구도 닫을 수 없습니다.

'당신'이 당신에게 열린 하늘 문을 닫을 수 있는 유일한 존재입니다. 하나님의 말씀의 빛 가운데 행하기를 실패하고 불순종함으로써 당신은 당신의 하늘 문을 닫을 수 있습니다.

그러므로 우리의 삶에서 하늘 문을 열어 놓읍시다. 그리하면 우리는 하나님의 축복을 누리며 다른 사람들에게도 복이 될 수 있습니다! 헌금의 순종의 비밀을 배웁시다! 그리하여 하나님께서 하늘의 문을 여시는 것을 보도록 합시다!

## 제 8 장
# 헌금은 하늘 문을 엽니다

헌금은 하나님께서 하늘의 창을 여실 수 있도록 우리가 하나님께 순종하는 방법 중 하나입니다. 말라기 3장의 구절을 전후 문맥을 통하여 살펴봅시다. 하나님께서는 십일조뿐만 아니라 헌금에 대해서도 말씀하시고 계십니다.

> 말 3:8,9
> 사람이 어찌 하나님의 것을 도둑질하겠느냐 그러나 너희는 나의 것을 도둑질하고도 말하기를 우리가 어떻게 주의 것을 도둑질하였나이까 하는도다 **이는 곧 십일조와 봉헌물이라** 너희 곧 온 나라가 나의 것을 도둑질하였으므로 너희가 저주를 받았느니라

이스라엘 백성들이 십일조와 헌금을 게을리 했던 것이 분명합니다. 하나님께서 "너희가 나의 것을 도둑질하고… 이는 곧 십일조와 봉헌물이라"라고 말씀하셨기 때문입니다. 그리고 하나님께서는 "너희가 나의 것을 도둑질하였으므로 너희가 저주를 받았느니라"라고 말씀하셨습니다.

우리는 하나님께로부터 십일조와 헌금을 도둑질하여 저주

를 받는 것을 원하지 않습니다. 우리는 하늘의 열린 문에서 나오는 축복을 받기 원합니다!

우리는 하나님께 십일조와 헌금을 모두 하게 되어 있습니다. 그러나 십일조는 하나님께 '속한' 것입니다(말 3:10). 가장 먼저 십일조를 구별하고, 그 다음에 하나님께 헌금 '드릴' 것을 생각하는 것입니다.

하나님 감사합니다. 이 땅의 삶에서 우리에게는 하늘 문을 열 수 있는 방법이 있습니다.

하늘 문을 열고 그 문이 계속 열려 있게 하십시오, 그러면 당신은 하나님의 축복을 받을 수 있습니다!

## 주라 그리하면 너희에게 줄 것이니

주는 것에 대해 우리가 자주 인용하는 신약 구절을 잠깐 살펴봅시다. 이것은 확실히 우리에게 적용되는 것입니다. 그리고 이것은 예수님께서 직접 하신 말씀입니다.

> 눅 6:38
> 주라 그리하면 너희에게 줄 것이니 곧 **후히 되어 누르고 흔들어 넘치도록** 하여 너희에게 안겨 주리라 **너희가 헤아리는 그 헤아림으로 너희도 헤아림을 도로 받을 것이니라**

이 구절은 만약 당신이 준다면 당신에게도 후히 주어질 것이라고 말하고 있습니다. 그러나 이 구절은 거기서 멈추지 않습니다. 당신의 축복이 어떻게 당신에게 돌아오는지에 주목하십시오. 그냥 후한 것이 아닙니다. '누르고 흔들고 넘치도록'입니다!

이것은 말라기에서의 십일조의 축복과 비슷합니다. 말라기 3장 10절은 하나님의 축복을 받아서 담아둘 공간이 없을 정도로 복을 주시겠다고 말합니다.

그리고 여기 누가복음에서는, 축복을 누르고 흔들고 넘치도록 하여 안겨 주리라고 말하고 있습니다. 이 두 구절은 하나님의 축복의 풍성함을 묘사하고 있는 것입니다.

좋은 말입니다. 그렇지 않습니까? 그러나 누가복음 6장 38절은 거기에서 끝나지 않고 이어서 말합니다. "…너희가 그 헤아리는 그 헤아림으로 너희도 헤아림을 도로 받을 것이니라." 그러므로 당신에게 다시 돌아오는 그 분량에는 당신이 기여하는 바가 있는 것입니다.

한번은 텍사스에서 집회를 하고 있었습니다. 내가 집회를 하던 그 도시에 사는 한 친구가 나에게 연락을 하여 예배 전에 집에 오라고 초청하였습니다.

나는 그의 집에 들렸고, 함께 이야기하는 중에 그는 나에게 100불짜리 지폐를 건넸습니다. 사실 그는 그 도시에서 집회를 하는 동안 두 번이나 나에게 100불을 헌금하였습니다.

그 당시 대부분의 사람들은 100불 지폐가 없었기 때문에, 사람들은 100불을 주는 일이 없었습니다. 5불이나 10불짜리 지폐를 헌금하는 것도 극히 드물었습니다. 그 당시에는 헌금이 대부분 1불 지폐와 잔돈이었습니다.

여하튼 그는 이렇게만 설명하였습니다. "해긴 형제, 나는 우리 교회에 십일조를 하고 있다네. 그러니까 이건 십일조에서 떼어 낸 돈이 아니야. 나는 십일조 외에 자네에게 헌금하고 싶은 거야."

그리고 교회로 운전해 가는 중에 그는 나에게 물었습니다. "자네는 누가복음 6장 38절에 대해 설교를 해 본 적이 있나?"

나는 이렇게 말했습니다. "아니, 적어도 그 한 구절만을 가지고 설교를 한 적은 없네. 물론, 설교에서 그 구절을 인용한 적은 있지."

"그렇군." 그가 말했습니다. "한 복음 전도자가 우리 교회에서 2주일 동안 부흥회를 했다네. 그는 2주 동안 매일 밤 누가복음 6장 38절을 본문 말씀으로 읽었지."

그는 계속하여 말했습니다. "어땠는지 아나? 우리 교회는 그 중 최고의 부흥회를 가졌다네. 사람들이 매일 밤 구원받았지. 우리가 가졌던 어떤 부흥회보다도 영접 초청에 대한 반응이 최고였다네."

그리고 내 친구는 말했습니다. "집회 마지막 날에, 목사님께서 그 복음 전도자를 위해서 헌금을 걷었어. 그런데 그가 일어나서 다시 누가복음 6장 38절을 읽더니 말하더군. '여러분, 나는 이 구절을 매일 저녁 읽었습니다. 그리고 나는 이 교회를 위하여 오늘 저녁 헌금을 받을 것입니다. 왜냐하면 이 건물은 새로운 냉방시설이 필요하기 때문입니다.'"

오래 전 이야기입니다만, 그 교인들은 어떤 건물을 사서 교회 건물로 바꾸어 썼습니다. 그런데 그 교회건물의 냉방시설은 2차 세계 대전 이전의 것으로 결국 망가져 버렸던 것입니다.

만약 당신이 텍사스에서 살아 봤다면, 여름에 얼마나 더운지 아실 것입니다. 그 교회는 정말로 새로운 냉방시설이 필요했습니다. 그를 위해서는 10,000불이 필요하였습니다. 지금은 큰 돈 같이 들리지 않지만, 그 당시에는 꽤 큰 돈이었습니다.

그 복음 전도자는 이렇게 말했습니다. "나는 내 성경을 누가복음 6장 38절에 열어서 이 강단에 놓겠습니다. 그리고 나는 여러분들이 이 누가복음 6장 38절에 근거하여 헌금을 하기를 권합니다. 이 헌금은 전적으로 이 교회에 새로운 냉방시설을 위하여 쓰일 것입니다."

주님께서 복음 전도자로 하여금 이 특별 헌금을 걷도록 인도하고 있었기 때문에, 그는 이렇게 말했습니다. "나는 여러분들이 할 수 있을 정도로 헌금하기를 원하는 것이 아닙니다. 나는 여러분이 할 수 '없다'고 생각하는 정도의 헌금을 드리기 원합니다."

복음 전도자는 계속하여 말했습니다. "하나님의 말씀은 이렇게 말하고 있습니다. '주라 그리하면 너희에게 줄 것이니 곧 후히 되어 누르고 흔들어 넘치도록 하여 너희에게 안겨 주리라.' 나는 하나님께서 거짓말을 하는 분이 아니라는 것을 압니다."

이것을 나에게 말해준 내 친구는 이렇게 말했습니다. "나는 그 예배에 앉아서 이렇게 생각을 했다네. '잠깐만! 저 복음 전도자는 우리가 낼 수 없는 헌금을 하라고 했지.' 그래서 나는 많지는 않았지만, 내가 가진 전부를 드리기로 했네."

나의 친구는 말했습니다. "나는 내가 가진 모든 돈을 드렸지. 사실 그 돈은 다음 주까지 쓸 돈이었다네. 나에게는 식료품을 살 돈이 단 한 푼도 남아있지 않았어.

그래서 나는 혼자 이렇게 말했다네. '아내가 음식을 저장해 둔 것이 좀 있었으면 좋겠다. 지갑을 털어서 다 헌금 해버렸으니까.'"

그 친구는 계속 말했습니다. "주 중에 나는 교회의 성경 공부 모임에서 형제들을 가르쳤다네. 그 복음 전도자가 교회에 오기 전에, 두 형제가 성경 공부 모임이 끝난 후 나에게 개인적으로 찾아왔지. 그들은 사업가였는데, 자기들을 위해서 기도해주기를 원했다네.

그들은 무일푼이었고, 이미 파산신청을 하라는 권고를 받았다더군. 재정적으로 형편이 말이 아니었지."

친구는 계속하였습니다. "그런데 이 두 사람도 그날 밤 헌금을 했다네. 나는 그들도 나처럼 헌금할 형편이 아니라는 것을 알고 있었네.

그런데 나는 삼십일 만에 그 두 사람의 사업이 적자에서 흑자가 된 것을 보았네! 그들은 즉시 번영하기 시작했다네." 하늘 문이 열렸고 하나님의 축복이 그들에게 부어졌던 것입니다.

## 하나님은 불신자를 사용하여 우리를 축복하실 수 있을까요?

나에게 이 이야기를 해준 그 친구는 목수였습니다. 하늘 문은 그에게도 열렸습니다.

그는 헌금을 드린 결과 그에게 일어난 어떤 사건을 나에게 이야기해 주었습니다. "일하면서 나는 어떤 특별한 연장이 필요했다네. 그래서 가격을 알아봤는데 너무 비싸서 살 수가 없었어.

나와 같이 일하던 한 친구는 그 연장을 샀지. 그는 그리스도인은 아니었지만, 나는 종종 그의 연장을 빌리곤 했다네. 그런데 그 헌금을 드리고 월요일에 출근해서 일을 하고 있는데, 그 친구가 내게 와서 그 비싼 연장을 내 옆에 내려놓더군." 이 연장은 당시 상당히 비싼 것이었습니다.

"그는 나에게 이렇게 말했네. '자네에게 이 연장을 주고 싶네.'" 상상해 보십시오! 그는 불신자입니다!

그러나 예수님께서 말씀하신 것에 주의하십시오. "주라, 그리하면 너희에게 줄 것이니 곧 후히 되어 누르고 흔들어 넘치도록 하여 – **사람들이** 너희에게 안겨 주리라."

누가 당신에게 주는 것입니까? '사람들이' 주는 것입니다. 사람들이 준다는 것입니다. 성경은 오직 그리스도인들만이 당신에게 줄 것이라고 말하지 않습니다. 하나님께서는 불신자들을 사용하여 당신에게 복을 주실 수 있습니다.

내 친구는 나에게 말했습니다. "나는 그 불신자에게 물었네, '자네는 왜 자네의 연장을 나한테 주려고 하나?'

그는 말했네. '모르겠네. 정말 모르겠어! 지붕 위에서 일하고 있는데, 뭔가가 나에게 왔네. 그리고 내가 인식하기도 전에, 나는 스스로 이렇게 말했네. '연장을 저 친구에게 줘야지!'

그리고는 그 구원받지 못한 사나이가 나에게 물었다네. '받겠나?'

나는 말했지. '당연하지!'"

하나님께서는 불신자를 사용하여 우리를 축복하실 수 있습니다! 성경은 '사람들이' 우리에게 안겨 줄 것이라고 말하고 있습니다.

텍사스의 오래 된 감리교 목사였던 버드 로빈슨 씨에게 19세기 초 일어났던 일을 말씀드리겠습니다. 그들 부부와 세 아이들은 시골에서 살았습니다. 그는 규칙적으로 십일조와 헌금을 드렸습니다.

어느 날 버드 목사님은 일어나서 집에 먹을 것이 하나도 없다는 것을 알게 되었습니다. 그와 그의 식구들은 믿음으로 먹을 것이 있는 것처럼 식탁에 앉았습니다. 그들은 하나님께 감사드리고 기도드렸습니다. 그러나 그들은 빵 부스러기나 우유 한 방울도 없었습니다!

버드 목사님은 이렇게 말했습니다. "나는 단지 믿음으로 가족들에게 말했습니다. '짐마차를 끌고 읍내에 나가 볼께.'" 그 당시 사람들은 나무 화로로 음식을 하였습니다. 그래서 그는 아내에게 말했습니다. "화로에 불을 지펴 놓아요. 내가 식량을 가져올 테니 우리 잔치를 합시다."

자서전에서 목사님은 이렇게 말했습니다. "나는 믿음으로 말했습니다. 어디에서 음식을 가져와야 할지도 몰랐지만, 나는 그저 하나님을 믿었습니다."

그래서 버드 목사님은 짐마차를 끌고 읍내에 나가서, 말의 고삐를 말뚝에 매었습니다. 그 당시 읍내에는 나무로 만든 보도가 있었습니다. 버드 목사님은 그 길을 걸어내려 갔습니다. 그리고 그 당시에는 읍내와 도시에 술집들이 계속 열려 있었습니다.

버드 목사님은 이렇게 말했습니다. "나는 보도를 따라 걷고 있었습니다. 그런데 갑자기 만취한 남자가 술집에서 뛰쳐나와서 비틀거리며 돌아다녔습니다. 그러다 나에게 와서는 멈춰 섰습니다."

그 술 취한 남자가 그에게 말했습니다. "이봐요! 버드 목사님!"

그는 버드 목사님을 알고 있었습니다. 왜냐하면 버드 목사님은 그 지역에서 목회를 하고 있었기 때문입니다. 그 남자는 두 손을 코트 주머니에 넣어서 1불 은화들을 양손 가득 꺼냈습니다. 그 당시에는 그 돈으로 많은 것을 할 수 있었습니다. 그 때는 지금같이 물가가 비싸지 않았습니다. 당시 돈 가치는 지금보다 훨씬 높았습니다.

그 술 취한 남자는 이렇게 말했습니다. "여기 있습니다, 버드 목사님! 여기요! 이 돈을 가지고 가서 먹을 걸 좀 사세요. 우리는 당신이 굶주리도록 내버려두지는 않을 겁니다. 가서 음식을 사세요."

버드 목사님은 이렇게 말했습니다. "나는 손을 내밀어 그 돈을 모두 받았습니다. 그리고 그 술 취한 남자는 노래를 하면서 갈 길을 갔습니다."

버드 목사님은 말했습니다. "나는 가서 식료품을 샀습니다. 그 당시에는 그 돈으로 상당히 많은 식품을 살 수 있었습니다. 짐칸은 음식으로 가득 찼습니다! 나는 노래를 하면서 집으로 돌아왔습니다."

버드 목사님은 계속 말했습니다. "누군가 나에게 이렇게 물었습니다. '당신은 하나님께서 그 취한 남자에게 말씀하셨다고 생각하십니까?'"

"물론입니다!" 그가 응답했습니다. "확실히 그렇게 하셨습니다. 우선, 그 사람이 내가 먹을 것이 없다는 것을 어떻게 알았겠습니까? 그는 나에게 '가서 이 돈으로 먹을 것을 좀 사세요. 우리는 당신이 굶주리도록 내버려두지 않을 겁니다' 라고 말했습니다. 하나님을 통하지 않고서 그가 어떻게 그걸 알았겠습니까?"

누가복음 6장 38절을 봅시다. "주라 그리하면 너희에게 줄 것이나 곧 후히 되어 누르고 흔들어 넘치도록 하여 (사람들이) 너희에게 안겨 주리라." 사람들이 줄 것이라는 것입니다. 이것은 오직 그리스도인들만이 당신에게 줄 것이라고 말하고 있지 않습니다.

예수님께서는 "오직 친한 그리스도인만이 너희에게 안겨 주리라"라고 하거나, "네가 아는 믿는 자들이 너희에게 안겨 주리라"라고 말씀하시지 않으셨습니다. 그렇습니다. 예수님은 **"사람들이** 너희에게 안겨 주리라"라고 말씀하셨습니다. 이 것은 사람들을 말하고 있는 것입니다. 구원받은 사람들과 구원받지 않은 사람들 모두 말입니다.

### '하나님은 당신이 드린 것 이상으로 주십니다!'

나에게 100불 헌금을 두 번했던 친구에게 일어났던 일에는 속편이 있습니다. 그는 그가 한 헌금의 결과로 일어났던 일을 이야기해 주었습니다.

그는 말했습니다. "나는 새 차가 갖고 싶어서 내 헌차를 더 나은 차로 바꾸기로 결정했다네. 그래서 나는 차 파는 곳으로 가서 차들을 둘러보았지.

거기에 내가 원하던 바로 그 차가 있었는데, 최신형이었다네. 나는 그걸 살펴보면서 속으로 생각했어. '이건 재정적으로 나한테 너무 무리다. 월부금이 정말 많을 거야.' 그래서 나는 대신 중고차를 골랐네. 그리고 생각했지, '그래도 원래 내 차보다 1,2년은 새 거잖아.'

결국, 영업사원이 와서 도움이 필요한지 물었고 나는 말했

지. '예, 나는 이 중고차를 보고 있었어요. 부족한 금액은 내가 타던 차를 내놓아서 채우려고 합니다.'

영업사원이 나에게 말했어. '조금 전에 당신이 저기 있는 새 차를 보시는 걸 봤는데요.'

나는 영업사원에게 말했다네. '예, 그렇지만 재정적으로 너무 큰 부담이 됩니다. 나는 비싼 월부금을 계속 낼 수 없는데, 그 차는 나에게 너무 비쌀 것 같습니다."

영업사원은 나에게 말했네. '나는 여기 주인입니다. 그러니까 제가 해드릴 수 있는 것을 말씀드리겠습니다. 저는 저 새 차를 당신에게 원가에 팔겠습니다. 저는 이윤을 남기지 않아도 됩니다. 그리고 당신 차를 제일 높은 가격에 사겠습니다. 그러면 지불하셔야 할 금액이 생각보다 낮아지실 겁니다.'"

나의 친구가 나에게 말했습니다. "나는 정말 믿을 수가 없었어! 하지만 나는 누가복음 6장 38절 말씀을 기억했지. '주라, 그리하면 너희에게 줄 것이니 곧 후히 되어 누르고 흔들어 넘치도록 하여 너희에게 안겨 주리라.'"

내 친구는 이어서 말했습니다. "그 사장이 계약서에 서명을 하고 있을 때, 나는 결국 '저를 위해서 왜 이렇게 해 주시는 건가요?' 하고 물어봤는데 그는 이렇게 말했네. '왜 그런지 모르겠습니다. 그냥 뭔가가 나에게 그렇게 하라고 말했습니다. 그리고 그렇게 결정을 하고 나니, 나는 너무 기분이 좋고 정말 잘 했다고 생각합니다!'"

그리고 나의 친구는 이렇게 말했습니다. "해긴 형제, 나는 하나님의 일을 돕기 위하여 헌금하면서 이제껏 살아본 적 없는 내 인생 최고의 시간을 보내고 있다네. 나는 헌금하는 것으로 인해서, 예전 그 어느 때보다도 많은 돈을 가지고 있네.

오해하지 말게, 나는 십일조를 하고 있네. 내가 사람들에게 주는 돈은 그 외 헌금이지. 나는 우리 교회에 십일조를 드린다네.”

그는 또 말했습니다. “하지만 나는 매주 내가 도울 수 있는 곳을 찾는다네. 나는 나의 삶의 어떤 때보다도 더 많이 헌금을 하고 있어. 하지만 또 나는 내 삶에 어떤 때보다도 더 많은 돈을 받고 있지. 내가 더 많이 줄수록 더 많이 얻는다네. 그리고 나는 사람들을 축복하면서 내 인생 최고의 시간을 보내고 있다네!”

이 사람은 그저 받기 위해 헌금을 하는 것이 아니었습니다. 믿음으로 헌금을 하고 되돌아올 것을 기대하는 것은 괜찮습니다. 그러나 그것은 그의 주요 동기가 아니었습니다. 그는 사람들을 축복하기 원했고, 하나님의 일이 확장되는 것을 보기 원했습니다. 하나님께서는 항상 그의 말씀을 지키실 것입니다.

여러분, 하나님은 당신이 드린 것 이상으로 주시는 분이십니다! 당신은 당신을 위하여 하늘 문을 열고 싶습니까? 하나님께서는 그 문을 여는 방법을 당신에게 정확히 말씀하고 계십니다. 십일조와 헌금에 관하여 그의 말씀에 순종함으로 행하십시오.

나의 인생을 풍요롭게 한 기도 중의 하나는 이것입니다.
"주님, 내가 어디를 가든지 복이 되게 하시옵소서."

다른 사람들을 축복하는 것이 당신의 동기가 될 때, 그리고 당신이 헌금과 십일조에 대해 하나님께 순종할 때, 하나님께서는 그의 말씀을 신실하게 이루실 것입니다. 하나님께서는 하늘 문을 여시고 당신이 인류에게 축복이 될 수 있게 하실 것입니다. 하나님께서는 당신이 드린 것 이상으로 주십니다!

제 9 장

# 천국의 열린 문

우리의 주님이시고 구세주이신 예수 그리스도께서 우리를 위하여 누구도 닫을 수 없는 문을 여십니다! 성경은 예수님께서 우리 앞에 '열린' 문을 두셨다고 말하고 있습니다. 그리스도께서는 우리가 그의 공급과 약속에 자유롭게 접근할 수 있게 하셨습니다. 그러므로 우리는 예수님께서 우리들을 위하여 너무나 풍성하게 준비해 놓으신 그 모든 문들로 들어가는 방법을 발견해야 합니다.

주님께서 사람들의 심령의 문을 여시고 그들의 이해의 눈을 여십니다(행 16:14; 엡 1:18). 예수님께서 우리를 위해 말씀의 문을 여시고 기회의 문을 여시며 봉사의 문을 여십니다(눅 24:32; 고전 16:9). 그분께서 하늘 문을 여시고 우리 삶에 그의 축복을 부어주십니다.

예수님께서는 또한 우리에게 말의 문을 여셔서 우리가 담대히 말씀을 말하고 복음을 선포할 수 있게 하십니다(행 4:19; 골 4:3). 예수님께서 우리의 혀를 풀어 놓으셔서 우리는 담대하게 그의 증인이 되고 그의 이름을 높이며 찬양할 수 있습니다.

## 영광의 세계로 열린 문

그러나 성경에는 예수님께서 우리를 위하여 여셨고 열고 계신 다른 문들이 나와 있습니다. 우리는 그 중 하나를 사도행전 7장 56절에서 볼 수 있습니다.

이 구절에서 우리는 예수님의 제자 중 하나였던 스데반이 돌에 맞아 죽는 것을 볼 수 있습니다. 그는 교회에 첫 순교자가 된 것입니다. 그런데 이 구절에는 예수님께서 우리를 위하여 여시는 어떤 문에 관한 흥미로운 이야기가 있습니다.

> 행 7:55,56
> **스데반이 성령 충만하여** 하늘을 우러러 주목하여 **하나님의 영광**과 및 예수께서 하나님 우편에 서신 것을 보고 말하되 **보라 하늘이 열리고** 인자가 하나님 우편에 서신 것을 보노라 한대

이 구절에서 스데반은 성령으로 충만하였다고 나와 있습니다. 스데반이 성령으로 충만하였을 때, 그는 두 가지를 보았습니다. 그는 하나님의 영광과 하늘이 열리고 예수님께서 하나님의 우편에 서 계신 것을 보았습니다.

할렐루야! 하나님께 감사드립시다. 하나님께서 그의 백성을 위하여 천국의 문을 여십니다(계 4:1). 그리고 머지않아 하나님께서는 당신과 나를 집으로 맞이하시기 위해 천국의 문을 여실 것입니다. 우리가 죽어서 가든지 휴거로 가든지 언젠가 우리는 본향인 천국으로 가서 예수님과 함께 있게 될 것입니다!

영광의 세계는 있습니다. 스데반은 하나님의 영광을 보았습니다. 일찍이 시편 기자는 이렇게 말했습니다. "주의 교훈으로 나를 인도하시고 후에는 영광으로 나를 영접하시리니"(시 73:24). 하나님을 찬양합니다! 우리는 이 땅을 떠나서 그곳으로 갈 것입니다. 믿는 자들은 영광의 세계로 갈 것입니다!

나는 그곳에 가 보았습니다. 나는 그 영광의 세계를 본 적이 있습니다. 나는 이 구절에서 스데반이 하나님의 영광을 보았다고 말하는 것의 의미를 알고 있습니다.

구약에서도 사람들이 주님을 찬양하고 예배할 때 주님의 영광이 성전에 충만하였다고 여러 번 말하고 있습니다.

예를 들어, 주님의 영광의 구름이 광야의 성막에 꽉 찼을 때, 모세는 하나님의 영광 때문에 회막에 들어갈 수 없었습니다.

> 출 40:34,35
> 구름이 회막에 덮이고 여호와의 영광이 성막에 충만하매 **모세가 회막에 들어갈 수 없었으니** 이는 구름이 회막 위에 덮이고 **여호와의 영광이 성막에 충만함이었으며**

그 후에도 이스라엘 백성들이 솔로몬의 성전을 봉헌하였을 때, 구름이 그 성전을 가득 채웠고 제사장들은 주님의 영광 때문에 서 있을 수가 없었습니다.

> 왕상 8:10,11
> 제사장이 성소에서 나올 때에 **구름**이 여호와의 성전에 가득하매 제사장이 그 **구름**으로 말미암아 능히 서서 섬기지 못하였으니 **이는 여호와의 영광이 여호와의 성전에 가득함이었더라**

대하 5:13,14

나팔 부는 자와 노래하는 자들이 일제히 소리를 내어 여호와를 찬송하며 감사하는데 나팔 불고 제금 치고 모든 악기를 울리며 소리를 높여 여호와를 찬송하여 이르되 선하시도다 그의 자비하심이 영원히 있도다 하매 그때에 **여호와의 전에 구름이 가득한지라** 제사장들이 그 **구름**으로 말미암아 능히 서서 섬기지 못하였으니 이는 **여호와의 영광**이 하나님의 전에 가득함이었더라

그 주님의 구름이 무엇이었습니까? 그것은 성전을 가득 채운 하나님의 영광, 즉 주님의 임재의 구름이었습니다. 유대인들은 주님의 영광을 신령한 쉐카이나(Shekinah) 혹은 하나님의 임재라고 불렀습니다. 하나님의 임재가 지성소에 거하셨고 성전에 가득하였던 것입니다.

나는 주님의 영광의 구름을 보았습니다. 나는 십 대 시절 그것을 처음 보았습니다. 1933년 8월 16일 오후 1시, 죽음이 아직 십 대였던 나를 붙잡으러 왔습니다.

나는 거듭나기 전에 병상에서 이미 한 번 죽었던 경험이 있었습니다. 그때 나는 거듭나지 않았었습니다. 그래서 죽음은 그 끔찍한 손으로 나를 조여 왔습니다. 나는 지옥문을 향하여 내려갔습니다.

그런데 하나님께서 천국으로부터 말씀하셨습니다. 나는 초자연적으로 올라와서 다시 나의 몸으로 들어갔습니다. 그날이 내가 거듭난 날입니다. 구원받고 난 후 나는 내가 죽으면 천국에 올라가서 예수님과 함께 있게 될 것이라는 것을 알았습니다.

그리하여 8월의 그날, 내가 다시 죽기 시작하자 나는 내 침대 옆에 서 있던 9살짜리 남동생에게 말했습니다. "뛰어가서 엄마를 불러 와. 빨리! 나 죽고 있어. 엄마한테 인사하고 싶어."

그날 바깥은 40도가 넘었습니다. 그렇지만 나의 몸은 너무나 차가웠기 때문에, 가족들은 뜨거운 물병과 데운 벽돌로 내 몸을 따뜻하게 만들려고 했습니다. 그래도 나의 몸은 여전히 얼음같이 차가웠고, 나의 눈썹 위에는 죽음의 이슬이 맺혀 있었습니다.

나의 어린 동생은 방에서 뛰쳐나가며 외쳤습니다. "엄마! 엄마! 할머니! 형이 죽어요!"

동생이 엄마와 할머니를 부르고 있는 동안 나는 나의 몸을 떠났습니다. 나는 구원 받았었습니다. 나는 예수님을 알았습니다. 그래서 나는 위로 올라갔습니다. 그리고 하나님의 영광을 보았습니다. 나는 천국에서부터 나는 한 소리를 들었습니다. 나는 하나님의 영광을 보았습니다!

그 영광은 반짝이는 눈 위에 비치는 햇살보다 더 밝았습니다. 하나님의 영광이 얼마나 빛나고 아름다운지는 말로 형용할 수가 없습니다.

몇 년 후에 나의 어머니는 내가 라디오에서 하나님의 영광을 보았던 이 경험에 대하여 설교하는 것을 들으셨습니다. 어느 날 내가 어머니를 뵈러 갔을 때, 어머니께서는 나에게 이렇게 말씀하셨습니다. "아들아, 너의 그 경험에는 네가 모르고 있는 것이 있단다. 거기에는 네가 말한 것 이상의 것이 있어. 할머니와 내가 경험한 것을 너에게 말해 주마."

어머니는 이렇게 말했습니다. "네 동생 팻이 우리들에게 뛰어와서 네가 죽는다고 했을 때, 우리는 부엌에서 뛰어나와 식당을 지나 네 침실로 뛰어 갔단다. 나는 할머니보다 가까운 곳에 있어서 네 침실에 먼저 갔었지. 문은 열려 있었고 나는 그 문을 향하여 뛰어 들어 갔어. 그런데 무엇인가에 부딪히고 말았지. 마치 고무 벽에 부딪힌 것 같았어."

어머니는 계속하여 말씀하셨습니다. "나는 네 방을 가득 채운 어떤 것에 부딪혔던 거야. 마치 엄청나게 큰 고무공에 뛰어든 것처럼 튕겨졌어. 거의 식당까지 튕겨 나갔지. 나는 네 방에 뭔가 성스러운 것이 있다는 것을 알았어. 왜냐하면 네 침실은 온통 밝은 빛으로 채워져 있었거든."

내가 대답했습니다. "예, 그것이 하나님의 영광이었어요. 내 방은 하나님의 영광으로 가득 차 있었어요."

어머니께서 말씀하셨습니다. "내가 네 방으로 들어가려고 하면 바로 튕겨 나갔단다. 그래서 나는 경외심에 싸여서 물러서있었지. 할머니께서도 바로 내 뒤에 뛰어 오셔서 방에 들어가려고 하셨지만 역시 튕겨 나왔단다. 그렇지만 할머니는 돌아와서 할 수 있는 한 계속 부딪히셨어. 할머니는 문을 통과할 수가 없었어! 할머니께서 들어가려고 할 때마다 다시 튕겨져 나왔지. 할머니는 네 방에 들어가려고 대여섯 번씩 시도하셨지만 들어갈 수가 없었단다. 결국 할머니는 네 방을 채운 하나님의 임재하심 때문에 문 입구에 겨우 서서 그냥 기대어 있었지. 우리는 십분 정도 그렇게 서 있고 나서야 네 방으로 들어갈 수 있었어. 들어가기 전에 네 방에 있던 그것이 가라앉고 없어질 때까지 기다려야 했거든."

나는 하나님의 영광에 사로잡혔던 것입니다. 나는 어머니도 할머니도 볼 수 없었습니다. 나는 영광의 세계에 있었습니다! 나는 그 후에 그곳에 대하여 여러 번 생각을 해 보았습니다. 그리고 나는 이 땅을 떠나는 그리스도인에 대해서 안타까운 마음이 전혀 들지 않았습니다. 단지 유가족들이 가엾어서 그들을 위해 우는 것입니다.

나는 이것만큼은 압니다. 내가 그 영광에 잡혔을 때, 나는 돌아오고 싶지 않았습니다. 그러나 주님께서 내가 아직 해야 할 일들을 주셨기 때문에 나는 돌아와야만 했습니다.

스데반은 같은 영광을 본 것입니다. 그리고 그는 예수님이 아버지의 오른편에 서 계신 것을 보았습니다. 하나님께 감사드립니다. 그의 성도가 그 영광의 세계로 들어올 수 있도록 "여시는 분이" 천국의 문을 여십니다! 머지않아 예수님께서 우리 모두를 집으로 영접하실 것입니다.

구원의 문으로 인해 하나님께 감사드립니다. 우리에게 열린 신유와 건강의 문으로 인해 하나님께 감사드립니다. 하나님께서 우리들의 심령의 문을 여시고, 그가 우리를 향해 말씀의 문을 여십니다.

하나님께 감사드립시다. 봉사와 기회와 말의 문이 우리들에게 열려 있습니다. 만약 우리가 영적으로 보고 알 수 있는 지각이 있다면 그 문들로 들어갈 수 있습니다.

하늘 문이 이 땅에서의 우리의 삶에서 열릴 수 있습니다. 그래서 우리가 풍성하게 살 수 있고 가는 곳 마다 다른 사람들에게 축복이 될 수 있습니다.

당신의 삶에는 하늘 문이 열려 있습니까? 당신은 예수님께서 당신을 위하여 미리 준비해 놓으신 모든 축복의 문으로 들어갔습니까?

하나님 감사합니다. 언젠가 거듭난 우리 각 사람을 향해 천국의 문이 활짝 열릴 것입니다!

그러나 기회의 문은 지금 이 땅에서 당신을 기다리고 있습니다! 하나님의 말씀에 순종하여 하나님의 풍성한 축복의 문으로 들어가시기 바랍니다. 그리하여 당신 삶에 부어지는 하나님의 축복을 당신이 보게 되기를 바랍니다.

# 믿음의말씀사 출판물

구입문의 : 031-8005-5483  http://faithbook.kr

■ 케네스 해긴의 「믿음 도서관」 책들
- 새로운 탄생
- 재정 분야의 순종
- 나는 지옥에 갔다 왔습니다
- 하나님의 처방약
- 더 좋은 언약
- 예수의 보배로운 피
- 하나님을 탓하지 마십시오
- 네 주장을 변론하라
- 셀 모임에서 성령인도 받기
- 안수
- 치유를 유지하는 법
- 사랑은 결코 실패하지 않습니다
- 하나님께서 내게 가르쳐 주신 형통의 계시
- 왜 능력 아래 쓰러지는가?
- 다가오는 회복
- 잊어버리는 법을 배우기
- 위대한 세 단어
- 하나님의 은사와 부르심
- 그 이름은 "놀라우신 분"
- 우리에게 속한 것을 알기
- 성령을 받는 성경적인 방법
- 하나님의 영광
- 은혜 안에서의 성장을 방해하는 다섯 가지
- 사랑 가운데 걷는 법
- 바울의 계시: 화해의 복음
- 당신은 당신이 말하는 것을 가질 수 있습니다
- 그리스도 안에서
- 말
- 방언기도의 능력을 풀어 놓으라
- 옳은 사고방식 틀린 사고방식
- 속량 – 가난, 질병, 영적 죽음에서 값 주고 되사다
- 네 염려를 주께 맡겨라
- 예언을 분별하는 일곱 단계
- 절망적인 상황을 반전시키기
- 당신의 믿음을 풀어 놓는 법
- 진짜 믿음
- 믿음이란 무엇인가
- 그리스도께서 지금 하고 계시는 일
- 충분하고도 넘치는 하나님 엘 샤다이
- 금식에 관한 상식
- 하나님의 말씀 : 모든 것을 고치는 치료제
- 가족을 섬기는 법
- 조에
- 당신이 알아야 하는 신유에 관한 일곱 가지 원리
- 여성에 관한 질문들
- 인간의 세 가지 본성
- 몸의 치유와 속죄
- 크게 성장하는 믿음
- 하나님 가족의 특권
- 기도의 기술
- 나는 환상을 믿습니다
- 병을 고치는 하나님의 말씀
- 영적 성장
- 신선한 기름부음
- 믿음이 흔들리고 패배한 것 같을 때 승리를 얻는 법
- 믿음의 선한 싸움을 싸우는 법
- 하나님의 계획과 목적과 추구
- 예수 열린 문
- 믿음의 계단
- 당신을 향한 하나님의 계획
- 역사하는 기도
- 기름부음의 이해
- 내주하시는 성령 임하시는 성령
- 재정적인 번영에 대한 성경적 열쇠들
- 어떻게 하나님의 영으로 인도받을 수 있는가?
- 마이더스 터치
- 치유의 기름부음
- 그리스도의 선물
- 방언
- 믿는 자의 권세(생애기념판)
- 믿음의 양식
- 승리하는 교회

■ E. W. 케년
- 십자가에서 보좌까지 무슨 일이 일어났는가?
- 두 가지 의
- 놀라우신 그 이름 예수
- 하나님 아버지와 그분의 가족
- 나의 신분증
- 두 가지 생명
- 새로운 종류의 사랑
- 그분의 임재 안에서
- 속량의 관점에서 본 성경
- 두 가지 지식
- 피의 언약
- 숨은 사람
- 두 가지 믿음
- 새로운 피조물의 실재

■ 스미스 위글스워스
- 스미스 위글스워스의 천국
- 스미스 위글스워스의 매일묵상
- 위글스워스는 이렇게 했다
- 스미스 위글스워스의 능력의 비밀

■ T. L. 오스본
- 행동하는 신자들
- 기적 – 하나님 사랑의 증거
- 새롭게 시작하는 기적 인생

- 좋은 인생
- 성경적인 치유
- 능력으로 역사하는 메시지
- 100개의 신유 진리
- 24 기도 원리 7 기도 우선순위
- 하나님의 큰 그림
- 긍정적 욕망의 힘
- 당신은 하나님의 최고의 작품입니다

■ 잔 오스틴
- 믿음의 말씀 고백기도집
- 하나님의 사랑의 흐름
- 견고한 진 무너뜨리기
- 초자연적인 흐름을 따르는 법
- 당신의 운명을 바꿀 수 있습니다
- 어떻게 하나님의 능력을 풀어놓을 수 있는가?

■ 크리스 오야킬로메
- 여기서 머물지 말라
- 이제 당신이 거듭났으니
- 당신의 인생을 재창조하라
- 이 마차에 함께 타라
- 그리스도 안에 있는 당신의 권리
- 성령님과 당신
- 성령님이 당신 안에서 행하실 일곱 가지
- 성령님이 당신을 위해 행하실 일곱 가지
- 기적을 받고 유지하는 법
- 하나님께서 당신을 방문하실 때
- 올바른 방식으로 기도하기
- 당신의 믿음을 역사하게 하는 법
- 끝없이 샘솟는 기쁨
- 기름과 겉옷
- 약속의 땅
- 하나님의 일곱 영
- 예언
- 시온의 문
- 하늘에서 온 치유
- 효과적으로 기도하는 법
- 어떤 질병도 없이
- 주제별 말씀의 실재
- 마음의 능력

■ 앤드류 워맥
- 당신은 이미 가졌습니다
- 은혜와 믿음의 균형 안에 사는 삶
- 하나님의 참 본성
- 하나님은 당신이 건강하기 원하십니다
- 영ㆍ혼ㆍ몸
- 전쟁은 끝났습니다
- 믿는 자의 권세
- 새로운 당신과 성령님
- 노력 없이 오는 변화
- 하나님의 충만함 안에 거하는 열쇠
- 더 좋은 기도 방법 한 가지
- 재정의 청지기 직분

- 하나님을 제한하지 마라
- 하나님의 뜻을 발견하고 따라가며 성취하라
- 하나님의 참 본성
- 하나님의 최선 안에 사는 법
- 더 큰 은혜 더 큰 은총

■ 기타 「믿음의 말씀」 설교자들
- 성령의 삶 능력의 삶
- 복을 취하는 법
- 주는 자에게 복이 되는 선물
- 믿음으로 사는 삶
- 붉은 줄의 기적
- 당신이 말한 대로 얻게 됩니다
- 예수-치유의 길 건강의 능력
- 성령 안의 내 능력
- 존 G. 레이크의 치유
- 믿음과 고백
- 임재 중심 교회
- 성령충만한 그리스도인의 지침서
- 열정과 끈기
- 제자 만들기
- 어떻게 교회를 배가하는가
- 운명
- 모든 사람을 위한 치유
- 회복된 통치권
- 그렇지 않습니다
- 당신의 자녀를 리더로 훈련하라
- 오순절 운동을 일으킨 하나님의 바람
- 주일 예배를 넘어서
- 신약교회를 찾아서
- 내가 올 때까지
- 매일의 불씨
- 여성의 건강한 자아상

■ 김진호ㆍ최순애
- 왕과 제사장
- 새로운 피조물의 실재
- 믿음의 반석
- 새 언약의 기도
- 새로운 피조물 고백기도집(한글판/한영대조판)
- 성령 인도
- 복음의 신조
- 존중하는 삶
- 성경의 세 가지 접근
- 말씀 묵상과 고백
- 그리스도의 교리
- 영혼 구원
- 새로운 피조물
- 믿음의 말씀 운동의 뿌리
- 1인 기업가 마인드
- 내 양을 치라
- 새사람을 입으라